Questions contemporaines

Collection dirigée par Jean-Paul Chagnollaud, Bruno Péquignot et Xavier Richet

Chômage, exclusion, globalisation… Jamais les « questions contemporaines » n'ont été aussi nombreuses et aussi complexes à appréhender. Le pari de la collection « Questions contemporaines » est d'offrir un espace de réflexion et de débat à tous ceux, chercheurs, militants ou praticiens, qui osent penser autrement, exprimer des idées neuves et ouvrir de nouvelles pistes à la réflexion collective.

Dernières parutions

Isabelle GARZINO (dir.), *Contribution de Jean-Bernard PATURET, Le sujet dans un monde utile*, 2022.
Louise FINES, *Mécanique du désespoir*, 2022.
Elysée SARIN, *L'organisation en procès*, 2022.
Philippe DUEZ, *Habiter un monde plus humain. L'éthique d'un contrat géographique fondé sur le vivable,* 2022.
Quentin MEUX, *La République des valeurs*, 2022.
Yahya EL YAHYAOUI, *Les communs numériques, Propriété, économie de partage et gouvernance polycentrique*, 2022.
Jacques LANGLOIS, *Pour un changement anticapitaliste de société*, 2022.
Sébastien ROFFAT, *Faire du rêve une réalité : l'histoire de Disneyland Paris,* Nouvelle édition, 2022
Frédéric DEBOMY, *Le monde de Macron, la gauche défaillante et moi perplexe*, 2022.
Jacques ARNOULD, *La guerre de l'espace aura-t-elle lieu ?*, 2022.
Chrysostome CIJIKA KAYOMBO, *Analyse systémique et axiologique appliquée à la pratique de philosophie de l'éducation*, 2022.
Olivier CAREMELLE, *Argent, transferts, droits TV : le foot à l'agonie*, 2022.
Danièle FAVARI, *Le référendum d'initiative citoyenne. Mode d'emploi. Pour une démocratie participative*, 2022.

RÉFORMER LES RETRAITES, UNE CRISPATION FRANÇAISE

5-7, rue de l'École-Polytechnique, 75005 Paris

http://www.editions-harmattan.fr

ISBN : 978-2-14-025329-4
EAN : 9782140253294

Thierry Legrand-Browaëys

Réformer les retraites, une crispation française

L'Harmattan

Du même auteur :

Formation professionnelle
Comment en sommes-nous arrivés là ?
Saint-Denis : Édilivre, 2019, 226 pages.

À mon épouse Christine.

Il faut non seulement instruire les auditeurs des faits, mais les leur rendre sensibles, et frapper leurs sens par une représentation parfaite de la manière touchante dont ils sont arrivés.

François Fénelon

GLOSSAIRE

ACOSS	Agence centrale des organismes de Sécurité sociale
AGIRC	Association générale des institutions de retraite des cadres
ANPE	Agence nationale pour l'emploi
ARRCO	Association des régimes de retraite complémentaire
ASSEDIC	Association pour l'emploi dans l'industrie et le commerce
AVTS	Allocation aux vieux travailleurs salariés
BNP	Banque nationale de Paris
BPCE	Banques populaires caisses d'épargne

CANAM	Caisse nationale d'assurance maladie des professions indépendantes
CANCAVA	Caisse autonome nationale de compensation de l'assurance vieillesse artisanale
CARPIMKO	Caisse autonome de retraite et de prévoyance des infirmiers, masseurs-kinésithérapeutes, pédicures-podologues, orthophonistes et orthoptistes
CESE	Conseil économique, social et environnemental
CFDT	Confédération française démocratique du travail
CFE	Confédération française de l'encadrement
CFTC	Confédération française des travailleurs chrétiens
CGC	Confédération générale des cadres
CGPME	Confédération générale des petites et moyennes entreprises
CGT	Confédération générale du travail
CNAF	Caisse nationale des allocations familiales

CNAMTS	Caisse nationale d'assurance maladie des travailleurs salariés
CNAVMA	Caisse nationale d'assurance vieillesse mutuelle agricole
CNAVPL	Caisse nationale d'assurance vieillesse des professions libérales
CNAVTS	Caisse nationale d'assurance vieillesse des travailleurs salariés
CNIEG	Caisse nationale des industries électriques et gazières
CNPF	Conseil national du patronat français
CNR	Conseil national de la Résistance
CNRACL	Caisse nationale de retraites des agents des collectivités locales
CNRPA	Comité national des retraités et des personnes âgées
COR	Conseil d'orientation des retraites
CPME	Confédération des petites et moyennes entreprises
CPRPSNCF	Caisse de prévoyance et de retraite du personnel de la Société nationale des chemins de fer français

CREDOC	Centre de recherche pour l'étude et l'observation des conditions de vie
CRPRATP	Caisse de retraites du personnel de la Régie autonome des transports parisiens
CSR	Comité de suivi des retraites
DREES	Direction de la recherche, des études, de l'évaluation et des statistiques du ministère des Solidarités et de la Santé
EDF	Électricité de France
ENA	École nationale d'administration
FEN	Fédération de l'Éducation nationale
FNE	Fonds national de l'emploi
FNSEA	Fédération nationale des syndicats d'exploitants agricoles
FO	Confédération générale du travail – Force ouvrière
FSU	Fédération syndicale unitaire
GDF	Gaz de France
GPRF	Gouvernement provisoire de la République française

IEP	Institut d'études politiques
IGAS	Inspection générale des affaires sociales
INSEE	Institut national de la statistique et des études économiques
LREM	La République en marche
MEDEF	Mouvement des entreprises de France
MODEM	Mouvement démocrate
MRG	Mouvement des radicaux de gauche
MSA	Mutualité sociale agricole
OCDE	Organisation de coopération et de développement économiques
ORGANIC	Organisation nationale de l'industrie et du commerce
PACTE	Plan d'action pour la croissance et la transformation des entreprises
PCF	Parti communiste français
PERCO	Plan d'épargne pour la retraite collectif
PME	Petites et moyennes entreprises
PS	Parti socialiste

RATP	Régie autonome des transports parisiens
RMI	Revenu minimum d'insertion
RSI	Régime social des indépendants
RPR	Rassemblement pour la République
SAMU	Service d'aide médicale urgente
SDF	Sans domicile fixe
SESI	Service des études et des systèmes d'information
SFIO	Section française de l'Internationale ouvrière
SMIC	Salaire minimum interprofessionnel de croissance
SNCF	Société nationale des chemins de fer français
TPE	Très petites entreprises
U2P	Union des entreprises de proximité
UDF	Union pour la démocratie française
UMP	Union pour une majorité présidentielle/Union pour un mouvement populaire

UNAF	Union nationale des associations familiales
UNIRS	Union nationale des institutions de retraite des salariés
UNAPL	Union nationale des professions libérales
UNSA	Union nationale des syndicats autonomes
UPA	Union professionnellc artisanalc
URSSAF	Union de recouvrement des cotisations de Sécurité sociale et d'allocations familiales

AVANT-PROPOS

D'Alain Juppé en 1995 à Emmanuel Macron quinze ans plus tard, tous les responsables politiques qui ont voulu réformer les retraites en France se sont heurtés à de très fortes résistances. Si elles ont parfois un caractère corporatiste, ces résistances ne restent jamais isolées. Elles poussent toujours les chefs d'État et de gouvernement, les ministres, les parlementaires et quelques intellectuels complices à faire des efforts considérables de communication et de pédagogie pour essayer de gagner la *bataille de l'opinion*. Malgré cela, la retraite est toujours considérée comme un acquis social fondamental, comme un « droit au repos[1] » et même, pour certains, comme un privilège qui ne saurait être remis en question. En 1910, l'auteur marxiste Paul Lafargue remarque déjà que « le mot retraite exerce une action magique sur l'imagination des ouvriers[2] ».

---

[1] Département Opinion et Stratégies d'entreprise, La retraite : le graal de la vie active, *Ifop Focus*, n° 203, janvier 2020, p. 3.

[2] CANDAR, Gilles, DREUX, Guy, *Une Loi pour les retraites*, Lormont, Le Bord de l'eau éditions, 2010, p. 115.

Ces dernières décennies, les enquêtes d'opinion, les analyses des politologues et les études sociologiques ont des conclusions convergentes : quelles que soient les conséquences collectives ou individuelles, sociales ou économiques, présentes ou à venir, les Français restent viscéralement et obstinément attachés à la préservation des conditions dans lesquelles ils partent à la retraite. Leur extrême sensibilité n'est pas sans lien avec la façon dont nos compatriotes perçoivent la vie professionnelle. Le travail étant désormais décrit comme « un monde pressurisé et de plus en plus déshumanisé[1] », la retraite devient une récompense, un « graal[2] », la seule et ultime finalité d'une carrière épuisante.

Cette crispation française peut toutefois surprendre, car la retraite est un sujet technique et d'une complexité telle que certains n'hésitent pas à l'assimiler à un « véritable serpent de mer[3] ». En 2001, le premier rapport du COR confirme que les retraites inspirent à la fois « l'incertitude et l'angoisse, un sentiment de flou et d'opacité, et la crainte d'un nivellement par le bas[4] ». Comprendre la retraite ne peut se faire intuitivement. Cela requiert des compétences non seulement en mathématiques, mais aussi en droit social, en gestion budgétaire et en économie. Cela oblige à appréhender les rôles que jouent l'État, les institutions paritaires, les organisations patronales, les confédérations syndicales, les employeurs, les salariés, les agents des services publics et, bien évidemment, les retraités.

---

[1] Département Opinion et Stratégies d'entreprise, La retraite : le graal de la vie active, *Ifop Focus*, n° 203, janvier 2020, p. 3.

[2] *Ibid.*, p. 1.

[3] *Ibid.*, p. 2.

[4] *Retraites : renouveler le contrat social entre les générations*, Paris, Conseil d'orientation des retraites, 2001, p. 87.

Les prérogatives des institutions gestionnaires des retraites se répartissent en plusieurs ensembles, qui correspondent principalement au régime général, aux régimes spéciaux, aux régimes autonomes et aux régimes complémentaires. Chaque régime a des règles et des paramètres spécifiques. Les salaires de référence, les âges de départ, la valorisation des pensions, les durées et les montants des cotisations sont calculés de manières différentes d'un régime à l'autre. Il est d'ailleurs bien connu que la diversité de ces régimes crée des iniquités, au nom desquelles certaines professions sont parfois jalousées et stigmatisées.

Si elle est pluridisciplinaire, très institutionnalisée et à paramètres multiples, la retraite est aussi l'objet d'une confrontation entre deux modèles : la répartition et la capitalisation. Le principe de la répartition est de faire financer les pensions des retraités par l'ensemble des actifs. Celui de la capitalisation incite chaque actif à épargner pour se constituer un capital dont il pourra commencer à profiter au terme de sa carrière. Jusqu'à présent, la France a fait le choix de privilégier les systèmes de retraite par répartition, mais l'opposition entre les deux modèles explique des clivages sociaux et politiques de plus en plus nets. Les confédérations syndicales et les partis de gauche sont généralement favorables à la préservation de la répartition, alors que les organisations patronales, les partis centristes et de droite souhaitent le développement de la capitalisation.

La technicité et la complexité des systèmes de retraite sont également dues aux différents types de réformes qui peuvent être engagées. Il convient, en effet, de distinguer les réformes paramétriques et les réformes systémiques. Une réforme paramétrique consiste à modifier les conditions d'exercice du droit à la retraite sans remettre en question l'existence et les modalités générales des régimes en place. À l'inverse, une réforme systémique peut prévoir de modifier ou de supprimer des régimes existants pour les remplacer par un ou plusieurs régimes nouveaux. En 2020, le projet gouvernemental de créer un régime universel par points a clairement exprimé l'ambition d'une réforme systémique.

Au-delà des différents types de réformes, les questions qui se posent sur l'avenir des retraites sont très liées aux évolutions des données sociales, économiques et démographiques. En France, comme dans d'autres pays occidentaux, le vieillissement de la population, les difficultés d'insertion des jeunes et des travailleurs peu qualifiés, la multiplication des ruptures et des périodes de transition professionnelle dans les carrières, la peur de subir un *déclassement*, la persistance d'un niveau élevé de chômage et de précarité malgré le retrait massif de la vie active des « baby-boomers » provoquent des tensions et des déséquilibres dans la gestion budgétaire des différents régimes, mettant à mal la solidarité intergénérationnelle.

Nonobstant les difficultés de compréhension et les débats sur la nécessité de réformer, la crispation des Français peut enfin s'expliquer par des raisons historiques. Dans notre pays, la retraite est un droit ancien. Il se développe en même temps que les premières protections contre le risque d'invalidité, durant le règne de Louis XIV. Des avancées sociales sont progressivement obtenues au dix-neuvième siècle par les fonctionnaires, par les mineurs, par les cheminots puis par l'ensemble des salariés. Après l'institution d'un revenu minimum pour les personnes âgées en 1941, une évolution majeure survient avec les promulgations des ordonnances du 4 octobre et du 19 octobre 1945, dont les principales dispositions aboutissent à la création de la Sécurité sociale. Cette évolution est complétée par la mise en place des régimes complémentaires entre 1947 et 1970. Après l'arrivée de la gauche au pouvoir, le droit à la retraite à soixante ans prend effet à partir de 1983. Depuis le début des années 1990, ce droit est remis en question par plusieurs réformes, qui se fondent à la fois sur des projections démographiques, sur des contraintes budgétaires et sur des choix politiques.

Parce qu'elles concernent de multiples institutions et prestations, les retraites donnent lieu à l'utilisation de nombreux acronymes, sigles et abréviations. Pour en faciliter la compréhension et rendre la lecture plus agréable, un recensement alphabétique *in extenso* est fait dans le glossaire.

CHAPITRE I

DU FONDS DES INVALIDES DE LA MARINE AUX ASSURANCES SOCIALES

La tragédie familiale que raconte *La Terre* commence par un rendez-vous au cabinet de maître Baillehache, notaire à Cloyes-sur-le-Loir. Louis Fouan a réuni ses enfants Hyacinthe, Fanny et Buteau pour leur annoncer sa décision de procéder à une « démission de biens ». L'acte notarial prévoit la division et la cession de l'ensemble de l'exploitation en trois parts égales. En contrepartie, les héritiers s'engagent à verser une rente à leurs parents qui, devenus septuagénaires, ne sont plus en capacité de vivre de leur travail aux champs et à la ferme. À travers ce roman, Émile Zola décrit « le peuple triste et blême des campagnes ». Dans les villages du pays beauceron, les habitants radotent, marchandent, critiquent, se méfient, s'épient, se jalousent, s'invectivent, se détestent, se maudissent les uns les autres, au sein même de chaque famille, de génération en génération. L'auteur évoque, sans complaisance, les conditions de vie misérables, qui poussent à l'entêtement, à la gaucherie, à la geignardise, à l'abêtissement, à la canaillerie, à l'avarice, au « furieux désir de posséder », à l'exaspération, à la sournoiserie, à la brutalité, à la crânerie, aux commérages, aux jurons, aux « méchantes humeurs », aux « regards féroces », aux rancunes et aux rivalités mesquines.

Lors de sa parution, *La Terre* suscite de vives critiques, Émile Zola étant accusé de décrire la paysannerie en des termes caricaturaux et déshonorants. Quoi qu'il en soit, le personnage de Louis Fouan est particulièrement interpelant. Après s'être vu remettre par ses aïeux quelques « lopins perdus » formant une « propriété dérisoire », ce père de famille n'a finalement mené qu'une « morne vie de travail », durant laquelle chaque « parcelle représentait des mois de pain et de fromage, des hivers sans feu, des étés de travaux brûlants, sans autre soutien que quelques gorgées d'eau ». Le souci légitime de finir son existence dans des conditions à peu près dignes le contraint à céder tous ses biens, à s'en remettre à la solidarité et à la bonne volonté de ses enfants. Au fil des pages, *La Terre* révèle la dramatique précarité de la situation des vieux travailleurs du dix-neuvième siècle. Le roman est publié en 1887. Deux cent quatorze ans plus tôt, une première caisse de retraites avait pourtant été créée en France.

Les retraites sous l'Ancien Régime

Quelques années après le début du règne de Louis XIV, un système d'assurance est mis en place pour une partie du personnel de la Marine royale. Il constitue une protection sociale à la fois contre les risques d'invalidité et contre les risques liés à la vieillesse. Par la suite, plusieurs édits, notes et ordonnances permettent d'aboutir à un véritable régime de retraite.

Le Fonds des invalides de la Marine

Après avoir été le principal conseiller de Louis XIII puis de la régente Anne d'Autriche, le cardinal Jules Raymond Mazarin meurt le 9 mars 1661. Dès le lendemain, Louis XIV prend en charge directement la gestion des affaires du royaume. Le nouveau souverain n'a pas encore vingt-trois ans mais déjà beaucoup de projets. Afin de rassembler les moyens nécessaires aux grands travaux et aux campagnes militaires à venir, il nomme Jean-Baptiste Colbert à un poste d'intendant des finances.

Étant issu d'une famille de commerçants et ayant travaillé plusieurs années pour le cardinal Mazarin, Colbert a pu vite développer le sens des affaires et comprendre le fonctionnement des rouages de l'État. Il devient rapidement un des hommes de confiance de Louis XIV, qui étend ses responsabilités en le nommant surintendant des bâtiments en 1664, surintendant du commerce en 1665 puis secrétaire d'État à la Marine en 1669.

Dans un siècle marqué par les guerres et la piraterie, la Marine royale est une activité stratégique pour la puissance militaire, pour la défense des colonies et pour la sûreté d'une partie du commerce extérieur. Dans un mémoire daté du 22 juillet 1666, Colbert signifie que, parmi les nombreuses dépenses, « la première et la plus importante de toutes à présent est la guerre de mer[1] », et ce d'autant plus que la flotte française apparaît clairement « en bien piètre état[2] » lorsqu'on la compare aux armadas

---

[1] RICHARDT, Aimé, *Colbert et le colbertisme*, Paris, Tallandier, 1997, p. 114.

[2] *Ibid.*, p. 232.

dont disposent encore l'Espagne, l'Angleterre et les Provinces unies. Afin de soutenir le développement de la flotte, il est d'abord décidé de réformer la gestion des carrières des marins. Pour mettre fin à la pratique des débauchages forcés de personnel et aux rivalités entre marine de commerce et marine militaire, un édit du 16 avril 1670 institue un système de classes, par lequel les marins militaires bénéficient d'un statut particulier reposant sur des modalités claires de recrutement et d'avancement. Le statut prévoit aussi la mise en place d'un secours viager, qui permet aux marins de se voir verser deux écus par mois après toute blessure grave survenue dans l'exercice de leurs fonctions.

Par un édit du 23 septembre 1673, un système d'assurance retraite est créé. Il impose aux marins une retenue sur leurs soldes pour alimenter un tout nouveau *Fonds des invalides de la Marine*, qui est prioritairement mobilisé pour financer la construction d'un hôpital. En complément, une note du 7 août 1675 institue le principe du *mois des familles*, par lequel les ayants droit des marins blessés ou décédés bénéficient d'un versement équivalent à un mois de solde. Six ans plus tard, une ordonnance impose aux armateurs d'assurer quatre mois de prise en charge de tous les marins victimes d'accidents du travail.

Les docteurs Jean-Jacques Dubarry, Jean-François Hervier et Jean-Jacques Peny ne manquent pas de saluer « le mérite de Colbert qui, près de trois siècles avant la Sécurité sociale, a ouvert la voie aux avantages sociaux de certaines catégories de travailleurs[1] ». À la fin du dix-septième siècle et pendant une bonne partie du dix-huitième siècle, la politique colbertiste de protection sociale est poursuivie et renforcée. En 1689, une

---

[1] DUBARRY, Jean-Jacques, PENY, Jean-Jacques, HERVIER, Jean-François, Colbert, père de la Sécurité sociale de la Marine, *Histoire des sciences médicales*, n° XIII-1, p. 41.

ordonnance de Jean-Baptiste de Seignelay met en place le régime de la *demi-solde pension*, qui impose de verser des rentes aux marins et aux officiers blessés ou estropiés. Vingt ans plus tard, le secrétaire d'État Jérôme Phélypeaux de Pontchartrain étend les conditions de versement de ces rentes aux infirmités liées à l'âge et aux personnels de la marine commerciale.

En 1784, une ordonnance du maréchal Charles-Eugène de Castries autorise l'attribution d'une pension à chaque marin âgé d'au moins soixante ans, sans aucune condition d'invalidité. Cette ordonnance autorise également le versement de l'équivalent d'une année de solde à l'épouse et aux enfants de tout marin décédé.

La caisse des fermiers généraux

Le début du règne de Louis XIV est marqué par de grandes difficultés économiques. Pour Aimé Richardt, « c'est l'ensemble de la machine économique du royaume qui est grippée par l'addition d'une crise agricole et du marasme des affaires de l'industrie et du commerce ». Le biographe ajoute que « la principale cause de cette crise, ou de ces additions de crises, est le système déplorable de perception des impôts qui entraîne l'État vers une quasi-banqueroute permanente[1] ». Pour tenter de remédier à cette situation, Colbert engage une série de réformes. À partir de 1661, il réunit un Conseil des finances, dont les membres sont chargés d'informer et de conseiller Louis XIV dans la gestion des recettes et des dépenses publiques. La même année, une Chambre de justice est créée spécialement pour poursuivre et faire arrêter les auteurs de malversations financières. Il s'ensuit une véritable épuration de la fonction publique.

---

[1] RICHARDT, Aimé, *Colbert et le colbertisme*, Paris, Tallandier, 1997, p. 54.

À partir du début des années 1680, d'autres réformes permettent de clarifier l'organisation de l'administration fiscale. Cette administration est finalement supervisée par une Ferme générale, qui bénéficie de prérogatives régaliennes au nom desquelles elle collecte l'ensemble des traites, des droits de douane, des taxes sur les entrées, sur les marques des métaux, sur le tabac, sur les gabelles et sur les domaines. Elle opère dans l'ensemble du territoire grâce à un réseau de fermes provinciales, réparties en de multiples circonscriptions. Chaque circonscription est administrée par un directeur provincial, un contrôleur général et un receveur, qui sont chargés de lutter contre la fraude, de réaliser les prélèvements fiscaux et de les faire parvenir aux services centraux, à Paris. Les circonscriptions comprennent des bureaux et des brigades. Les bureaux perçoivent les droits de traites dans les villes et sur les carrefours commerciaux. Les brigades surveillent le trafic aux frontières et poursuivent les contrebandiers. Elles sont subdivisées en capitaineries, qui sont placées sous l'autorité de capitaines généraux.

Le décès de Colbert est annoncé dans l'édition du 11 septembre 1683 de la *Gazette de France*. L'eulogie rappelle que Louis XIV a toujours accordé sa confiance à ce grand serviteur de l'État pour mener à bien « le rétablissement de la marine » comme « pour établir un meilleur ordre dans l'administration de ses finances[1] ». Dans un courrier à la veuve, le Roi-Soleil écrit : « si vous avez perdu un mari qui vous était cher, je regrette un fidèle ministre dont j'étais pleinement satisfait[2] ». Malgré la disparition de Colbert, la modernisation de l'administration fiscale se poursuit.

Dans la seconde moitié du dix-septième siècle, les fermes provinciales occupent jusqu'à trente mille

---

[1] *Ibid.*, p. 349.

[2] *Ibid.*, p. 348.

employés. Curieusement, les effectifs ne sont pas des fonctionnaires mais des salariés, puisque l'ensemble des établissements est géré par une compagnie financière privée. Tous les recrutements et tous les avancements sont formalisés par des lettres de commission, qui mentionnent les fonctions, les attributions et les droits de chacun. Le contrôleur général assure principalement l'administration du personnel, la quantification de l'effectif et l'actualisation d'un tableau d'avancement. Les postes les plus subalternes peuvent être confiés à des personnes de condition modeste. Aussi, « faire carrière dans les services de la Ferme offre à certains de réelles possibilités d'ascension sociale[1] ». Entre les dirigeants et les employés, les niveaux de revenu sont très disparates, mais ces salariés ont tous en commun de toucher, d'une part, une rémunération fixe et, d'autre part, des gratifications dont les montants varient en fonction de la valeur des saisies. C'est le receveur général qui verse les salaires et les gratifications.

Les avantages dont bénéficie le personnel de la Ferme générale et des fermes provinciales ne sont pas sans provoquer des critiques et des jalousies. À l'approche de la Révolution, il est fréquent de trouver des commentaires ironiques dans les cahiers de doléances sur « ces milliers de riches fainéants[2] » considérés comme les « sangsues de l'État[3] ». Les ressentiments du peuple s'expliquent notamment par le droit à la retraite, qui est institué sous le

---

[1] LEGAY, Marie-Laure, HAMON, Philippe, ROWLANDS, Guy, COULOMB, Clarisse, CONDETTE-MARCANT, Anne-Sophie, FAVIER, René, FERRER, André, *Les Modalités de paiement de l'État moderne : adaptation et blocage d'un système comptable*, Paris, Institut de la gestion publique et du développement économique, 2007, p. 67.

[2] *Ibid.*, p. 69.

[3] RICHARDT, Aimé, *Colbert et le colbertisme*, Paris, Tallandier, 1997, p. 20.

règne de Louis XV et qui représente alors un privilège extrêmement enviable. Comme toutes les institutions, la Ferme générale et ses représentations provinciales ne savent pas traiter les situations de leurs salariés les plus âgés. Ceux qui sont encore valides sont affectés à des postes peu contraignants, mais leur manque de dextérité finit toujours par gêner le fonctionnement des équipes. Après de longues tergiversations, une délibération du 13 février 1768 annonce la création d'une caisse « pour procurer des retraites aux employés des brigades que leur vieillesse, leurs infirmités ou des accidents fâcheux mettent hors d'état de service[1] ». Cette caisse de retraite est alimentée par des retenues mensuelles de 1,25 % à 2,5 % sur les salaires. La Ferme générale abonde en versant un montant égal à la somme des montants des retenues. Il est prévu qu'un employé ne puisse toucher une pension de retraite qu'après avoir effectué au moins vingt années de service ou, à défaut, après avoir subi une grave blessure dans l'exercice de son métier. Les pensions sont calculées en fonction des grades occupés. Leurs montants sont, en moyenne, équivalents à la moitié de ce que touche un salarié en activité.

Les retraites pendant la Révolution et l'Empire

À partir du début des années 1770, l'impopularité de certaines taxes provoque des soulèvements populaires. Les salariés des fermes provinciales sont de plus en plus souvent victimes d'incivilités et d'agressions, qui finissent

---

[1] LEGAY, Marie-Laure, HAMON, Philippe, ROWLANDS, Guy, COULOMB, Clarisse, CONDETTE-MARCANT, Anne-Sophie, FAVIER, René, FERRER, André, *Les Modalités de paiement de l'État moderne : adaptation et blocage d'un système comptable*, Paris, Institut de la gestion publique et du développement économique, 2007, p. 75.

par les empêcher de continuer à travailler normalement. La caisse commence ainsi à accumuler les cas d'invalidité. Les dirigeants de la Ferme générale hésitent à augmenter les pourcentages des retenues, mais ils réévaluent le montant de l'abondement à plusieurs reprises. En 1791, le député du tiers état Pierre-Louis Goudard rédige un rapport, dans lequel il propose des solutions susceptibles de sauvegarder la caisse. Sans explication, l'Assemblée constituante ne donne aucune suite à ce rapport. Confrontée à des difficultés financières et à des accusations de mauvaise gestion, la caisse de retraite des fermiers généraux disparaît à la fin des années 1780. Les difficultés rencontrées par cette caisse ne découragent pas les initiatives. Des sociétés d'assurances apparaissent en prenant pour modèle la Compagnie royale, qui ne cesse de développer ses prestations depuis sa création par le banquier Étienne Clavière en 1787. Durant les états généraux, il est envisagé de préparer la mise en place d'un système de protection sociale pour les vieux travailleurs. Nicolas de Condorcet, Joachim Lafarge, Emmanuel-Étienne Duvillard, Honoré-Gabriel de Mirabeau et François Chamoulaud font partie de ceux qui réclament la création d'une caisse nationale et d'un système de collecte de l'épargne publique, qui « offrirait à la classe indigente des citoyens un revenu assuré dans leur vieillesse, moyennant une très faible rétribution pendant vingt ou trente années[1] ». Une loi du 19 mars 1793 prévoit la création d'une Caisse nationale de prévoyance, qui n'est finalement pas mise en place.

[1] THIVEAUD, Jean-Marie, La lente construction des systèmes de retraite en France de 1750 à 1945, *Revue d'économie financière*, n° 40, février 1997, p. 25.

Les pensions des agents des douanes

La question des retraites des anciens salariés de la Ferme générale et des fermes provinciales est traitée par la Convention nationale, qui prend un arrêté le 26 octobre 1795, ce qui correspond au 4 brumaire de l'an IV du calendrier révolutionnaire. Cet arrêté est complété par la loi dite du « 2 floréal an V », qui est promulguée le 21 avril 1797 et dont les dispositions concernent les agents des douanes.

La loi crée une nouvelle caisse de retraites, qui est alimentée par différentes retenues sur l'ensemble des rémunérations des fonctionnaires des douanes. Les premières retenues sont appliquées sur les traitements, à raison de trois deniers pour chaque livre perçue. Les retenues complémentaires sont de trois sous pour chaque livre touchée sur le produit net des amendes et des confiscations. Chaque agent peut demander à partir à la retraite après au moins dix années de service s'il présente « des infirmités acquises dans l'exercice de l'emploi[1] ». Sinon, le droit à la retraite est ouvert à partir de trente années de service. Il est prévu que le montant de la pension corresponde à la moitié de la rémunération moyenne perçue durant les trois dernières années de travail.

En mars 1799, un rapport de l'avocat Guillaume Liborel défend les principes du régime des pensions des agents des douanes, dans lequel « chaque employé, en entrant dans cette administration, contracte l'obligation de verser annuellement dans la caisse des pensions une part de ses remises, pour fournir à ces coadministrateurs la pension que la loi leur accorde après le temps d'exercice

---

[1] THUILLIER, Guy, *Les Pensions de retraite des fonctionnaires au XIXe siècle*, Paris, Comité d'histoire de la Sécurité sociale, 1994, p. 22.

qu'elle a déterminé[1] ». Le rapport est vivement critiqué par les parlementaires, qui redoutent une généralisation du droit à la retraite que la nation serait bien en peine de financer, puisque le pays sort ruiné des années révolutionnaires.

Les caisses de retenues des fonctionnaires

Premier consul à partir du début de l'année 1800, Napoléon Bonaparte devient empereur des Français en 1804. Une de ses priorités est de développer la fonction publique afin d'assurer une bonne administration des affaires du pays. Malgré les critiques faites au régime des pensions des agents des douanes durant les dernières années de la Révolution, l'empereur soutient toutes les initiatives visant à développer le droit à la retraite pour les différents corps de fonctionnaires. Craignant une dégradation des comptes publics, les services du Trésor impérial et la Section des Finances au Conseil d'État cherchent à résister, mais ils ne parviennent pas à empêcher la mise en place de nombreux régime de retraite. Cette évolution pousse Guy Thuillier, ancien conseiller maître à la Cour des comptes, à reconnaître que « le système des caisses de retraite a été un des fondements de la bureaucratie napoléonienne[2] ».

Des prélèvements sont imposés sur les appointements des ingénieurs des Ponts et Chaussées, des capitaines des ports, des ouvriers de l'Imprimerie nationale, de ceux des Poudres et Salpêtres, du personnel des Postes, des fonctionnaires ecclésiastiques, des employés des préfectures, des agents du Conseil d'État, de ceux des ministères de la Guerre, de la Justice, de l'Intérieur, des Finances et des Affaires étrangères.

[1] *Ibid.*, p. 23.
[2] *Ibid.*, p. 39.

Bien que l'empereur et le Conseil d'État aient envisagé de fusionner ces caisses pour confier au Trésor la gestion des retenues et des pensions, chaque corps de fonctionnaires se dote d'une caisse qui reste spécifique. La multiplicité des caisses fait que les taux appliqués sur les appointements diffèrent d'une administration à une autre. Les conditions d'ouverture des droits à pension diffèrent tout autant même si, dans la plupart des cas, il est exigé d'avoir effectué au moins vingt ou trente années de service. Les caisses ont toutefois en commun le fait qu'elles fonctionnent principalement selon une logique proche de la capitalisation, à savoir que chaque agent accepte d'être prélevé sur ses appointements pour alimenter un compte qui lui est personnel et qu'il est en droit d'utiliser lorsqu'il part à la retraite.

La majorité des caisses prévoit des prestations de prévoyance, qui permettent à tout agent gravement blessé dans l'exercice de ses missions de bénéficier d'un départ anticipé et d'une pension spécifique. En complément, certaines caisses créent des systèmes de réversion, par lesquels les conjoints ou les enfants des fonctionnaires décédés peuvent toucher des pensions, quelles que soient les ressources qu'ils perçoivent par ailleurs. Le règlement de la caisse des agents du ministère de l'Intérieur comprend même des prestations particulières lorsque les familles ont la charge d'enfants dits « infirmes », ce qui semble en faire « le premier texte qui prévoit des pensions pour enfants handicapés[1] ».

Les retraites de la Restauration au début du vingtième siècle

La multiplication des caisses de retenues dans la fonction publique suscite de vifs débats pendant l'Empire

[1] *Ibid.*, p. 36.

et la Restauration. À maintes reprises, le Conseil d'État présente des rapports et des projets de décrets en vue d'unifier les régimes, mais la diversité des propositions et l'instabilité politique empêchent toute évolution jusqu'en 1853. Auparavant, des pensions sont spécifiquement instituées pour les militaires. Dans le secteur privé, des salariés et des employeurs s'organisent progressivement pour mettre en place des sociétés de secours mutuels, qui indemnisent les travailleurs touchés par des accidents ou par la vieillesse. En 1851, les fonds collectés par ces sociétés de secours mutuels sont transférés à la toute nouvelle Caisse des retraites pour la vieillesse.

Les pensions militaires

Depuis l'édit du 23 septembre 1673 et la création du Fonds des invalides de la Marine, plusieurs textes ont aménagé les régimes de retraite des militaires. Il faut toutefois attendre la Restauration pour que deux lois clarifient les dispositions applicables. Après d'importants travaux préparatoires au sein du Conseil d'État, des comités supérieurs de la guerre, du Conseil d'amirauté et du Parlement, deux lois sont promulguées, à une semaine d'intervalle, en avril 1831.

La loi du 11 avril 1831 traite des droits aux pensions de retraite au sein de l'armée de terre. Celle du 18 avril 1831 concerne la marine. L'engagement dans la carrière militaire est autorisé à partir de l'âge de seize ans. Les droits à pension peuvent être exercés à la fin de la vingt-cinquième année de service dans la marine et de la trentième année dans l'armée de terre. Les droits sont plafonnés à partir de quarante-cinq annuités dans la marine et de cinquante annuités dans l'armée de terre. Des bonifications sont prévues pour les services rendus en temps de guerre. Les montants des pensions varient en fonction des grades obtenus durant les deux dernières années d'activité.

Les deux lois donnent droit à des pensions de réversion, ce qui fait que les conjoints mariés depuis au moins deux ans à des militaires décédés peuvent bénéficier de rentes « sans avoir à justifier d'un minimum de moyens d'existence[1] ». En l'absence de conjoint, le droit aux pensions de réversion est transféré aux enfants orphelins.

Les dispositions applicables sont révisées à plusieurs reprises, notamment par des lois du 25 juin 1861, du 26 avril 1865, du 10 avril 1869, du 30 décembre 1913, du 25 mars 1920, du 12 avril 1922 et du 14 avril 1924. Après la promulgation de chacune de ces lois, les conditions d'exercice du droit à la retraite sont utilement actualisées. Ces évolutions législatives permettent de faire perdurer les régimes des pensions militaires, mais elles en complexifient les modalités jusqu'à en faire des règles « compliquées aboutissant à des calculs interminables[2] ».

La Caisse des retraites pour la vieillesse

L'entrée progressive dans la révolution industrielle s'accompagne d'inquiétudes croissantes sur les questions sociales. Parmi ces inquiétudes, celle de l'assistance aux vieux travailleurs préoccupe particulièrement les gouvernements et les parlementaires de la Seconde République. Pierre Waldeck-Rousseau, Pierre Marcellin Rouveure, François Taillefer et Amédée Bertin de La Hautière présentent différents projets. En février 1849, un rapport propose de créer une caisse de retraites, dont la gestion serait assurée par l'État et qui reposerait sur « des

---

[1] OUART, Charles, L'évolution du montant des pensions militaires rémunérant les services en France au cours d'un siècle, *Journal de la société statistique de Paris*, tome 77, 1936, p. 172.

[2] *Ibid.*, p. 178.

versements facultatifs et modiques[1] ». Le ministre Eugène Rouher prépare un projet de loi, qui est présenté le 16 novembre 1849. Les débats opposent vivement les députés orléanistes, bonapartistes, socialistes et libéraux, mais la loi est finalement votée le 18 juin 1850.

En application de la nouvelle loi, une Caisse des retraites pour la vieillesse est mise en place à partir du 11 mai 1851. Elle se substitue à toutes les sociétés de secours mutuels. Comme prévu par plusieurs rapports, cette caisse est placée sous la garantie de l'État, qui confie à la Caisse des dépôts et consignations la responsabilité de collecter les versements et de les transformer en rentes.

Les versements ne sont pas obligatoires. Chaque salarié peut verser entre cinq francs et mille francs par an, « sans rythme imposé[2] ». Le cumul des versements est comptabilisé dans un *livret individuel*. Il peut être mis fin aux versements à tout moment, à la demande du salarié. L'employeur peut prendre l'initiative de cotiser pour le compte de son personnel.

Chaque salarié cotisant peut demander à bénéficier de sa pension au terme de son choix, à partir de l'âge de cinquante ans.

Si le législateur a exprimé une volonté sociale et humaniste, les faits révèlent malheureusement que la loi n'atteint pas ses objectifs. La grande majorité des salariés n'a pas les moyens de cotiser et la Caisse des retraites pour la vieillesse devient surtout une bonne opportunité d'investissement pour la bourgeoisie aisée. Conseiller historique à la Caisse des dépôts et consignations, Jean-Marie Thiveaud reconnaît ainsi que « l'attrait d'un tel placement attire une foule de souscripteurs plus soucieux

---

[1] THIVEAUD, Jean-Marie, La lente construction des systèmes de retraite en France de 1750 à 1945, *Revue d'économie financière*, n° 40, février 1997, p. 29.
[2] *Ibid.*, p. 30.

de spéculation que des vieux jours de la classe ouvrière à laquelle ils n'appartiennent pas[1] ». Pour tenter de corriger cet effet pervers, une loi est promulguée le 28 mai 1853. Elle limite le taux d'intérêt des versements à 4,5 % et fixe un plafond aux souscriptions. Huit ans plus tard, une autre loi élève à mille francs le plafond des retraites et à trois mille francs celui des versements. Une loi du 4 mai 1864 révise les montants en portant à mille cinq cents francs le plafond des retraites et à quatre mille francs celui des versements.

Pour compléter les prestations de la Caisse des retraites pour la vieillesse, une loi est promulguée le 11 juin 1868. Elle prévoit de créer une Caisse d'assurance en cas d'accidents et une Caisse d'assurance en cas de décès. Ces nouvelles caisses permettent de mobiliser des ressources budgétaires pour mieux protéger les travailleurs et leurs ayants droit face aux risques d'accidents du travail et de décès. Une loi du 20 juillet 1886 révise encore les plafonds des versements et change le nom de la caisse, qui devient la Caisse *nationale* des retraites pour la vieillesse.

Le régime unifié des retraites des fonctionnaires

Pendant la Restauration, la monarchie de Juillet puis la Seconde République, plusieurs rapports parlementaires proposent d'harmoniser les modalités des retenues appliquées aux fonctionnaires, de fusionner les caisses ou de placer leurs budgets sous la responsabilité d'une administration centrale. Les résistances sociales, le poids des « traditions corporatives[2] » et les réticences politiques font reporter toutes les tentatives de changement, mais la situation finit par évoluer au début du Second Empire.

---

[1] *Ibid.*, p. 31.

[2] THUILLIER, Guy, *Les Pensions de retraite des fonctionnaires au XIX*e *siècle*, Paris, Comité d'histoire de la Sécurité sociale, 1994, p. 63.

Un projet de loi est présenté au Corps législatif le 15 février 1853. L'exposé des motifs critique sévèrement les principes régissant les caisses de retenues : il est considéré que ces régimes de retraite ne sont pas viables, qu'ils ne permettent pas de garantir des niveaux de revenus suffisants aux retraités et que la diversité des règles applicables à la liquidation des pensions crée des inégalités injustifiables entre les différents corps de la fonction publique. Pour remédier à cette situation, le législateur entend mettre fin à la « foule de règlements disparates, remplis d'anomalies et de contradictions[1] » que représentent les différentes caisses. Le Corps législatif propose aussi de généraliser le droit à la retraite à tous les agents publics qui n'ont pas encore l'obligation de cotiser. Par ailleurs, le projet de loi touche à des enjeux de pouvoir en envisageant de confier la gestion des caisses au ministère des Finances, qui doit avoir les prérogatives permettant « de régler les pensions et de déterminer les conditions auxquelles elles peuvent être obtenues[2] ». Trois mois plus tard, le député Alexandre Gouin rend compte du rapport d'étude consacré au projet de loi. Son rapport approuve le principe d'une fusion des caisses de retenues pour « ramener à l'unité une législation incohérente et confuse[3] ». Il propose de confier la gestion fusionnée à une caisse générale indépendante, de sorte que l'État n'ait pas à intervenir en cas de creusement des déficits des régimes.

Malgré de grandes dissensions, le projet de loi est voté à la majorité des membres du Corps législatif. La loi est promulguée le 8 juin 1853. Elle institue un régime de pensions en imposant à tous les fonctionnaires civils et militaires une retenue de 5 % sur leurs appointements. Les

---

[1] *Ibid.*, p. 100.
[2] *Ibid.*, p. 101.
[3] *Ibid.*, p. 104.

droits à la retraite sont harmonisés et ouverts à partir de l'âge de soixante ans, sous réserve de justifier d'au moins trente années de service. Le montant de la pension est calculé en référence aux appointements touchés durant les six dernières années d'activité. Il est toutefois plafonné à 6 000 francs.

La loi du 8 juin 1853 généralise à tous les fonctionnaires le droit à des pensions de réversion. Les conjoints sont donc en droit de toucher un tiers de la pension, à condition que le mariage ait été contracté au moins six ans avant le départ en retraite du fonctionnaire décédé.

La loi impose une tutelle étatique du régime unifié. La collecte des retenues, les versements des pensions et l'attribution des droits à la réversion sont confiés au Trésor public. De fait, l'État se porte garant de la gestion budgétaire des retraites de ses agents. Cela n'est pas sans provoquer quelques critiques, à l'exemple de l'économiste Léonce Guilhaud de Lavergne, qui s'inquiète pour les risques de déficit en affirmant : « il est bon, sans doute, de songer aux fonctionnaires, mais il ne serait pas mal de songer aussi aux contribuables qui ont à supporter cette nouvelle charge[1] ». Bien des années plus tard, le socialiste Léon Bourgeois dénonce l'accroissement du poids des pensions et le fait que « l'État fasse une situation privilégiée à ceux qui trouvent déjà, à son service, une sécurité de carrière que les employés du commerce et de l'industrie ne connaissent pas[2] ». Ces critiques sont relativisées par les défenseurs du droit à la retraite, qui considèrent que la loi n'est pas assez favorable aux fonctionnaires. Dans un *rapport sommaire* présenté en 1876 au nom d'une commission d'initiative parlementaire, le député Jean Adnet considère ainsi que chaque retenue

---

[1] *Ibid.*, p. 113.
[2] *Ibid.*, p. 142.

« est une sorte d'impôt prélevé sur les revenus de la fonction, sans que le fonctionnaire soit assuré de retirer un jour le moindre avantage du sacrifice qui lui est imposé[1] ».

Les retraites des mineurs

Les exploitations minières font partie des activités majeures des premières décennies de la révolution industrielle. Elles sont aussi celles dans lesquelles les conditions de travail et de rémunération provoquent les conflits sociaux les plus violents, comme l'illustrent notamment la grève des mineurs de Rive-de-Gier en 1844, celle qui touche la compagnie des mines d'Anzin en 1884 et le blocage des exploitations de Carmaux en 1892. La création de fonds de solidarité contre les risques liés à l'invalidité et à la vieillesse fait partie des plus vives attentes du prolétariat minier. Dans les principales exploitations, le patronat accepte progressivement de mettre en place des sociétés de secours mutuels et de participer à leur financement. En 1894, la multiplication désordonnée de ces sociétés et la nécessité de répondre aux revendications ouvrières poussent le législateur à uniformiser le droit des mineurs à la retraite.

La loi du 29 juin 1894 impose aux mineurs comme aux employeurs de cotiser à hauteur de 4 % de la masse salariale : 2 % à la charge des compagnies minières et 2 % prélevés sur les salaires des mineurs. Il est prévu que ces cotisations alimentent des caisses de retraite ou, à défaut, la Caisse nationale des retraites pour la vieillesse. L'article 2 de la loi précise que « l'exploitant pourra prendre à sa charge une fraction supérieure à la moitié du versement ou sa totalité[2] ».

---

[1] *Ibid.*, p. 265.

[2] Loi du 29 juin 1894 sur les caisses de secours et de retraites des ouvriers mineurs, *Bulletin de l'Inspection du travail*, n° 1, 1897, p. 1.

À l'exemple de ce qui se pratique dans d'autres régimes, chaque mineur se voit créer un *livret individuel* dès le versement des premières cotisations. Il peut demander à faire valoir ses droits à la retraite et à toucher une pension à partir de l'âge de cinquante-cinq ans. L'âge de départ peut être différé si le salarié le souhaite. S'il continue à travailler après son cinquante-cinquième anniversaire, le mineur n'est plus obligé de cotiser à une caisse de retraite.

Si elle reconnaît la liberté de créer des caisses pour l'ensemble des ouvriers mineurs, la loi impose des prérogatives étatiques. Toute création d'une caisse de retraite ne peut ainsi être accordée que par décret fixant les attributions, les conditions de fonctionnement et d'organisation de la caisse. Les fonds collectés doivent être garantis par le Trésor public. En cas de difficultés, ces fonds sont transférés à la Caisse nationale des retraites pour la vieillesse. Les prérogatives de l'État sont complétées par une disposition de l'article 4, selon laquelle « la gestion des caisses syndicales ou patronales sera soumise à la vérification de l'Inspection des finances et au contrôle du receveur particulier de l'arrondissement du siège de la caisse[1] ».

En complément, la loi prévoit de généraliser la mise en place de sociétés de secours dans toutes les exploitations minières. Elle impose que ces sociétés soient gérées paritairement, par des conseils d'administration comprenant des membres « désignés par l'exploitant » et des membres « élus par les ouvriers ou employés[2] ». Elle impose également des contributions complémentaires sur les salaires, des versements des employeurs et des subventions publiques pour financer des soins médicaux en cas de maladie, des indemnisations en cas d'invalidité

[1] *Ibid.*, p. 2.
[2] *Ibid.*, p. 3.

et des « allocations exceptionnelles[1] » en cas de décès pour les mineurs, pour leurs parents, pour leurs conjoints et pour leurs enfants. Les dispositions de la loi du 29 juin 1894 préfigurent ainsi le régime général de l'assurance maladie d'aujourd'hui.

Les retraites du personnel des chemins de fer

Avec le mineur, la profession la plus emblématique de la révolution industrielle est sans nul doute le cheminot. Dans les années 1760, l'invention de la machine à vapeur par l'ingénieur écossais James Watt annonce le développement de nouveaux moyens de transport, ce qui aboutit à la mise en circulation des premières automobiles puis à la construction des locomotives. Par la suite, plusieurs pays européens se couvrent de voies de chemin de fer. En France, des investisseurs privés s'associent et créent des compagnies de transport ferroviaire dès la première moitié du dix-neuvième siècle. Pour se développer, ces compagnies recrutent et forment de plus en plus de mécaniciens et de chauffeurs de locomotives.

La dureté des conditions de travail favorise le développement de l'activisme syndical dans les professions ferroviaires. Face à la montée des revendications, les dirigeants de la Compagnie du chemin de fer de Paris à Orléans acceptent de créer une caisse de retraite en 1845. Dans les années qui suivent, d'autres caisses sont créées par la Compagnie des chemins de fer de l'Ouest, par la Compagnie des chemins de fer du Nord, par la Compagnie des chemins de fer de Paris à Lyon et par la Compagnie des chemins de fer du Midi. Ces caisses proposent des pensions additionnelles à celles que verse la Caisse des retraites pour la vieillesse. Elles permettent aux compagnies de fidéliser leurs salariés puisqu'en cas de

---

[1] *Ibid.*, p. 2.

démission ou de révocation, les droits à pension sont perdus.

Les conditions d'admission et les taux de cotisation sont assez proches, mais les modalités de calcul des pensions diffèrent sensiblement d'une caisse à l'autre. Cette hétérogénéité incite l'État à agir. Une loi du 27 décembre 1890 impose que les statuts et les règlements des différentes caisses fassent l'objet d'une homologation ministérielle. Cette loi est censée permettre de contrôler étroitement la gestion des caisses mais, en réalité, ses dispositions ne sont quasiment pas appliquées.

En 1890, les cheminots décident de mieux s'organiser pour la défense de leurs intérêts en créant la Chambre syndicale des ouvriers et employés des chemins de fer. Cinq ans plus tard, cette organisation devient le Syndicat national des travailleurs des chemins de fer de France et des colonies. En 1893, le syndicat fait connaître l'ensemble de ses revendications, notamment celle qui réclame l'application d'une réglementation uniforme sur les droits à la retraite des employés des compagnies de transport ferroviaire. À la Chambre des députés, Maurice Berteaux, Jean Jaurès et Athos-Fernand Rabier défendent les revendications syndicales jusqu'en 1897, mais l'opposition du Sénat empêche l'aboutissement de leurs propositions. Il faut attendre l'année 1909 pour que soit enfin promulguée une loi qui harmonise les régimes de retraite des cheminots.

La loi du 21 juillet 1909 rend officiellement obligatoire l'affiliation de tous les salariés des compagnies des chemins de fer à une caisse de retraite. Les modalités de cotisation et les conditions de liquidation des droits sont uniformisées. Les caisses restent alimentées par des cotisations des salariés, par des versements des employeurs, mais aussi par des subventions de l'État. Le taux de cotisation des salariés correspond à 5 % des salaires perçus, tandis que les employeurs contribuent en versant l'équivalent de 15 % de la masse salariale.

Les mécaniciens et les chauffeurs de locomotives peuvent partir à la retraite à partir de l'âge de cinquante ans, sous réserve d'être restés à leurs postes au moins vingt-cinq ans. Pour les employés des bureaux, l'âge de départ est fixé à soixante ans.

Si certaines caisses proposent déjà des pensions de réversion, une loi du 28 décembre 1911 en impose à la fois une harmonisation et des améliorations. Les nouvelles dispositions font qu'à l'approche de la Première Guerre mondiale, « les grandes compagnies ont réussi à consolider leur dispositif de prévoyance et de retraites[1] ». Les personnels des compagnies des chemins de fer et leurs familles deviennent les citoyens les mieux protégés face aux risques d'invalidité et de décès.

Les rentes ouvrières et paysannes

Après la promulgation de la loi du 20 juillet 1886 et la création de la Caisse nationale des retraites pour la vieillesse, les gouvernements, les parlementaires, les partis politiques et les mouvements ouvriers ne cessent de s'opposer sur la façon dont il convient de traiter les revendications réclamant la création d'un régime général de retraite. En 1910, ces débats aboutissent à l'institution des rentes ouvrières et paysannes, qui sont considérées comme « le premier système obligatoire d'assurance vieillesse en France[2] ».

---

[1] THIVEAUD, Jean-Marie, La lente construction des systèmes de retraite en France de 1750 à 1945, *Revue d'économie financière*, n° 40, février 1997, p. 50.

[2] THIVEAUD, Jean-Marie, La lente construction des systèmes de retraite en France de 1750 à 1945, *Revue d'économie financière*, n° 40, février 1997, p. 36.

Le modèle allemand du socialisme d'État

En 1815, le congrès de Vienne décide la création d'une Confédération germanique, subdivisée en trente-neuf États. À la demande du comte autrichien Klemens von Metternich, ces États sont placés sous influence austro-hongroise. À la fin de la première moitié du dix-neuvième siècle, les populations germaniques entrent dans la révolution industrielle. Le développement économique provoque une volonté d'émancipation politique. En 1848, un parlement se réunit à Francfort et tente d'instaurer un régime démocratique unifié, mais c'est finalement en 1871 qu'un nouvel empire allemand est institué avec le couronnement de Guillaume Ier après des victoires militaires sur le Danemark en 1864, sur l'empire d'Autriche-Hongrie en 1866 et sur la France en 1870. Le grand artisan de ces succès est l'aristocrate prussien Otto von Bismarck.

Conservateur, Bismarck s'oppose aux mouvements libéraux autant qu'il se méfie des idées inspirées du socialisme et du christianisme social. La publication des œuvres de Karl Marx et de Friedrich Engels, la popularité que suscitent les interventions publiques d'August Bebel, de Karl Liebknecht et de Ferdinand Lassalle montrent que le prolétariat peut trouver une source d'espérance dans l'idéologie marxiste si l'État n'intervient pas pour réguler le système capitaliste et en atténuer certains effets. Aussi, c'est moins par conviction que par calcul politique que Bismarck « met en place une législation sociale qui n'a pas alors d'équivalent en Europe[1] ». Un système de protection contre les risques liés à la maladie est institué en 1883. Un an plus tard, la protection contre les accidents du travail est légalisée.

---

[1] BLED, Jean-Paul, *Bismarck*, Paris, Perrin, 2011, p. 219.

À partir de 1889, le patronat et les travailleurs allemands se voient imposer de cotiser à des régimes de prise en charge de la vieillesse et des situations d'invalidité. Conspué par de nombreux députés, Bismarck défend son modèle du *socialisme d'État* avec la conviction visionnaire que la viabilité du capitalisme, la nécessité d'éviter la lutte des classes et une révolution prolétarienne font que « la collectivité doit prendre en charge l'assistance aux plus défavorisés[1] ». Malgré la virulence des critiques, les principes de ce modèle de protection sociale ne sont pas remis en cause après le limogeage de Bismarck, décidé par Guillaume II en 1890.

La loi du 5 avril 1910

La signature du traité de Francfort oblige la France à abandonner l'Alsace et une partie de la Lorraine en 1871. Douloureusement vécue, cette annexion pousse les Français à entretenir un nationalisme revanchard et à critiquer systématiquement tout ce qui vient d'Allemagne. Il faut donc beaucoup de courage à certains responsables politiques pour s'intéresser au modèle bismarckien, mais l'échec relatif de la Caisse des retraites pour la vieillesse incite à analyser le système allemand de protection sociale. À la Chambre des députés, Jean Jaurès exhorte en affirmant : « c'est déjà trop que nous ayons été devancés ; il faut que nous reprenions la direction du mouvement, la force et la grandeur de l'exemple et que nous rachetions tout le temps perdu à hésiter, à tâtonner, à avoir peur, en accélérant notre marche dans la voie de la justice sociale[2] ». Au sein de la CGT, de la SFIO et d'autres mouvements socialistes, le projet de loi suscite de vives

---

[1] *Ibid.*, p. 224.

[2] CANDAR, Gilles, DREUX, Guy, *Une Loi pour les retraites*, Lormont, Le Bord de l'eau éditions, 2010, p. 49.

oppositions. Après plusieurs années de tractations et des débats houleux, une loi est promulguée le 5 avril 1910.

Cette loi est applicable à l'ensemble des travailleurs ne bénéficiant pas encore de pensions de retraite. L'article premier dispose ainsi que « les salariés des deux sexes de l'industrie, du commerce, des professions libérales et de l'agriculture, les serviteurs à gages, les salariés de l'État qui ne sont pas placés sous le régime des pensions civiles ou des pensions militaires, et les salariés des départements et des communes bénéficieront, dans les conditions déterminées par la présente loi, d'une retraite de vieillesse ». Les dispositions de l'article 10 précisent que des régimes spéciaux restent applicables aux « agents, employés et ouvriers de grandes compagnies de chemin de fer », aux « ouvriers et employés des mines » et aux « inscrits maritimes ».

La loi impose à tous les salariés et à tous les employeurs de cotiser à parts égales à un nouveau régime de retraite obligatoire. Les montants forfaitaires des cotisations annuelles sont de neuf francs pour les hommes, de six francs pour les femmes, de quatre francs et cinquante centimes pour les travailleurs de moins de dix-huit ans. Les versements sont prélevés sur les salaires par les employeurs lors de chaque paye. Dès la première cotisation, chaque salarié se voit remettre une carte personnelle d'identité et ouvrir un compte individuel dans une société ou une caisse spécialisée. Le principe d'un prélèvement sur les salaires suscite la vive opposition de certains députés socialistes comme Jules Guesde, qui considère que « le salaire suffit à peine aux besoins de chaque jour[1] » et que « c'est à la charge exclusive de l'exploitant que doivent être mis les ouvriers tombés malades ou usés à son service[2] ».

---

[1] *Ibid.*, p. 58.
[2] *Ibid.*, p. 59.

Les sociétés et les caisses spécialisées sont les seules à pouvoir encaisser les cotisations. Il s'agit des « sociétés ou unions de sociétés de secours mutuels », des « caisses départementales ou régionales de retraites », des « caisses syndicales ou patronales de retraites », des « caisses syndicales de garantie » et des « caisses de retraites de syndicats professionnels ». Si un employeur et ses salariés ne sont encore rattachés à aucune de ces organisations, les prélèvements sont réalisés directement par la Caisse nationale des retraites pour la vieillesse. Chaque société ou caisse doit préalablement bénéficier d'autorisations du ministère du Travail et du ministère des Finances.

L'article 5 dispose que « l'âge normal de la retraite est de soixante-cinq ans ». La rente versée par l'État est minorée si le salarié n'a pas accumulé trente années de cotisation. De même, une minoration s'applique en cas de départ à la retraite avant l'atteinte de l'âge de soixante-cinq ans. Les dispositions de l'article 9 rendent toutefois possible de prendre sa retraite de façon anticipée à tout salarié atteint « de blessures graves ou d'infirmités prématurées entraînant une incapacité absolue et permanente de travail ». Malgré cela, l'âge de départ fait l'objet de vives critiques, à l'instar de celles du journaliste socialiste Paul-Louis Lévy affirmant que « pour tous les hommes qui réfléchissent, qui connaissent le prolétariat, qui savent quels fléaux, quels maux précoces le menacent, à combien de risques est exposé l'ouvrier adulte, il était évident que la loi de 1910 exigeant l'âge de soixante-cinq ans pour l'ouverture de la retraite, ne profiterait qu'à une infime minorité[1] ».

En cas de décès, les enfants du salarié décédé ou « la veuve sans enfants » sont en droit de percevoir une indemnité forfaitaire pendant trois à six mois. Une autre indemnisation est prévue pour « la femme non remariée

[1] *Ibid.*, p. 80.

quand le divorce aura été prononcé aux torts exclusifs du mari ».

Les sociétés et caisses spécialisées sont soumises à des contrôles du ministère des Finances. Elles doivent transférer les fonds qu'elles collectent à la Caisse des dépôts et consignations, qui se charge d'en faire des placements. Un Conseil supérieur des retraites ouvrières est chargé de réviser les montants des cotisations et ceux des rentes en référence aux taux d'intérêt et à certaines données démographiques. Composé de sénateurs, de députés, de conseillers d'État et de représentants des principales organisations professionnelles, ce conseil supérieur est présidé par le ministre du Travail.

Les assurances sociales et la MSA

Alors qu'elle a déjà suscité des polémiques durant sa préparation, la loi du 5 avril 1910 continue de déchaîner les passions après sa promulgation. Si certains patrons s'offusquent de se voir imposer des charges, les commentaires les plus ironiques émanent des mouvements ouvriers et de certains députés socialistes, qui réclament encore et toujours que l'âge de départ soit avancé bien avant soixante-cinq ans puisque très peu d'anciens travailleurs peuvent vraiment profiter de la retraite à une époque où l'espérance de vie reste peu élevée. Dans différents articles et déclarations, le journaliste Paul Lafargue, les syndicalistes Alexandre Luquet et Alphonse Merrheim vont jusqu'à assimiler la nouvelle loi à une « retraite pour les morts[1] ».

Il faut attendre la période de l'entre-deux-guerres pour que les critiques exprimées sur les rentes ouvrières et paysannes finissent par inspirer l'idée d'une nouvelle réforme. Des projets de loi sont déposés en 1924. Ils

[1] *Ibid.*, p. 143.

donnent lieu à de longues tractations mais, quatre ans plus tard, une loi est promulguée pour instituer les assurances sociales.

La loi du 5 avril 1928

L'ambition de la loi du 5 avril 1928 est exprimée dès l'article premier, qui dispose que « les assurances sociales couvrent les risques maladie, invalidité prématurée, vieillesse, décès et comportent une participation aux charges de famille, de maternité et de chômage involontaire par manque de travail ». Le souci du législateur d'assurer les travailleurs les plus nécessiteux est affirmé par le fait que l'affiliation aux assurances sociales est imposée à « tous les salariés des deux sexes dont la rémunération totale annuelle, quelle qu'en soit la nature, à l'exclusion des allocations familiales, ne dépasse pas 18 000 francs ». C'est l'employeur qui est chargé des formalités d'affiliation dans les huit jours suivant l'embauche. À l'issue de ces formalités, le salarié se voit délivrer une carte individuelle. L'affiliation aux assurances sociales n'est toutefois pas obligatoire pour les fermiers, les cultivateurs, les métayers, les artisans, les « petits patrons », « les travailleurs intellectuels non salariés et, d'une manière générale, tous ceux qui, sans être salariés, vivent principalement du produit de leur travail ».

Le principal niveau d'application de la loi est départemental. Dans chaque département, des caisses primaires sont donc créées et rattachées à une caisse départementale unique. Les caisses primaires gèrent les prestations liées à l'ensemble des risques, notamment à la vieillesse et à l'invalidité. Les structures issues des législations précédentes peuvent être « admises à pratiquer, comme caisses primaires, les assurances vieillesse et invalidité » à condition d'adapter leurs statuts ou de « fusionner avec une caisse existante ». Qu'elles soient nouvelles ou déjà en activité, les caisses doivent obtenir un agrément d'un nouvel Office national des assurances sociales. Si des malversations ou des dysfonctionnements sont signalés, l'agrément peut être retiré. En cas de retrait, chaque caisse peut contester en saisissant le Conseil d'État.

Les caisses primaires et départementales sont dirigées par des conseils d'administration multipartites, puisque composés d'assurés élus, d'employeurs et de praticiens choisis par les syndicats professionnels. Leurs comptabilités doivent être séparées en huit comptes spéciaux, à savoir : l'assurance maladie, les soins aux invalides, l'assurance maternité, l'assurance décès, l'assurance invalidité, la garantie contre le chômage, les charges de familles et l'assurance vieillesse. La gestion de l'ensemble des caisses est supervisée par un Conseil supérieur des assurances sociales, qui rapporte au ministre du Travail.

Les dispositions de l'article 28 autorisent les caisses à « se regrouper en unions régionales et en une fédération nationale, notamment en vue de réaliser des œuvres d'intérêt commun ». Parmi ces œuvres d'intérêt commun, les unions de caisses sont en droit de financer la construction de « maisons de convalescence et de retraite ». Ce droit est confirmé par l'article 33, qui dispose que « les caisses d'assurances peuvent également employer leur solde soit à créer ou développer des œuvres de maternité et d'enfance, des hôpitaux, sanatoriums, préventoriums, dispensaires, maisons de convalescence et de retraite ».

Les assurances sociales peuvent recevoir des subventions de l'État, mais les ressources des caisses primaires et départementales viennent principalement des versements réalisés par les salariés et leurs employeurs. Les dispositions prévoient que 10 % du montant total des rémunérations sont transférés mensuellement. Les transferts sont répartis équitablement, à savoir 5 % retenus sur la paie de chaque salarié et 5 % « à la charge de l'employeur ». Une dérogation est accordée aux exploitants agricoles, qui sont autorisés à faire les versements à une mutuelle ou un syndicat agricole. Si une caisse rencontre des difficultés à percevoir des versements, elle peut être soutenue financièrement par un fonds de garantie et de compensation.

Une partie des transferts est affectée à la constitution de rentes viagères, dont la gestion est confiée à des organismes habilités à réaliser des prestations d'assurance vieillesse. Au sein des différents organismes, les rentes sont capitalisées sur un compte individuel d'assurance créé pour chaque salarié. Les travailleurs peuvent cotiser jusqu'à l'âge de soixante-cinq ans, mais les dispositions de l'article 13 ajoutent que « l'assurance vieillesse garantit une pension de retraite au salarié, qui a atteint l'âge de soixante ans ». L'âge de départ à la retraite est précédemment confirmé à l'article 3, qui dispose que « l'assujettissement obligatoire aux assurances sociales cesse à l'âge de soixante ans » et que « le salarié a la faculté d'ajourner, d'année en année, la liquidation de ses droits à la retraite jusqu'à soixante-cinq ans ».

Les dispositions de l'article 15 précisent que chaque salarié doit avoir cotisé « au moins trente années entières » pour bénéficier pleinement de ses droits dès l'âge de soixante ans. La possibilité de cotiser à un organisme d'assurance vieillesse est ouverte « à partir de l'âge de seize ans ». À l'article 17, il est précisé que la liquidation anticipée de la pension de retraite est possible à partir de l'âge de cinquante-cinq ans sous réserve d'avoir cotisé « pendant vingt-cinq ans au moins depuis l'âge de seize ans » et d'accepter « en conséquence » une minoration de la pension.

De plus, la loi reconnaît le droit à l'assurance décès. Lorsqu'un salarié meurt avant d'avoir atteint l'âge de la retraite, ses ayants droit peuvent ainsi toucher un capital, dont le montant correspond à 20 % du salaire annuel moyen. Le droit à l'assurance décès est toutefois réservé au cas où le salarié a cotisé au moins un an aux assurances sociales avant de mourir.

La création de la MSA

Il est indéniable que la révolution industrielle a provoqué un *exode rural* mais, au début du vingtième siècle, la France reste encore un pays très agricole. Dans les années 1920, plus de la moitié de la population vit toujours à la campagne.

Pour faire face aux difficultés provoquées par les intempéries, les maladies, les accidents, le vieillissement ou la perte du bétail, les agriculteurs s'organisent et créent des caisses locales dans la seconde moitié du dix-neuvième siècle. Ces caisses locales se fédèrent au sein du groupement des Assurances mutuelles agricoles en 1900. Trente ans plus tard, ce groupement devient la MSA.

En 1949, les adhérents de la MSA sont invités à élire des délégués cantonaux, qui élisent à leur tour les administrateurs des caisses locales. Les administrateurs des caisses locales désignent ensuite leurs représentants au sein de la Caisse centrale de mutualité sociale agricole. Les évolutions de la gouvernance s'accompagnent d'une structuration de la gestion des prestations. Une assurance vieillesse est instituée pour les salariés agricoles progressivement à partir de 1951. Pour les exploitants, la gestion de l'assurance vieillesse est confiée à la CNAVMA, qui est créée en 1952.

Quelques années plus tard, les prérogatives des caisses de la MSA sont confirmées par l'ordonnance du 21 août 1967, dont l'article 65 dispose que ces caisses « assurent le recouvrement des cotisations de prestations familiales, d'assurance maladie et d'assurance vieillesse dues au titre du régime des salariés agricoles ainsi que le service des prestations correspondantes ».

CHAPITRE II

LA SÉCURITÉ SOCIALE, LES RÉGIMES SPÉCIAUX ET LES RÉGIMES AUTONOMES

La loi du 18 juin 1850 permet la création de la Caisse des retraites pour la vieillesse. À partir de 1886, la Caisse est appelée « nationale », mais cette évolution lexicale ne change pas grand-chose : la mise en place de cette Caisse reste un échec puisque la majorité des travailleurs et des employeurs n'ont pas les moyens ou l'envie de cotiser. Pour tenter d'améliorer la situation, les législations du 5 avril 1910, du 5 avril 1928 et du 30 avril 1930 reconnaissent le droit de percevoir des rentes ouvrières et paysannes puis celui de bénéficier des assurances sociales. Compte tenu des conditions d'application de ces lois, peu d'anciens salariés peuvent longtemps profiter de la retraite.

Aux insuffisances des législations interprofessionnelles successives s'ajoutent des difficultés liées à la manière dont les régimes de retraite se sont constitués au dix-neuvième siècle. À côté des caisses d'assurances sociales, des régimes spéciaux se sont développés et maintenus pour les agents de la fonction publique, les personnels de l'industrie minière, des chemins de fer et de l'agriculture. Lorsqu'éclate la Seconde Guerre mondiale, les Français sont donc inégalement assurés face aux risques liés au vieillissement.

L'avènement de l'État-providence

À la Libération, le système de protection sociale reste très hétérogène. Face à la multitude des régimes de retraite et de prévoyance, l'initiative est prise de tenter une harmonisation. Le projet s'annonce difficile. Les années d'Occupation ont créé des antagonismes durables. Entre anciens collaborateurs, anciens pétainistes passifs et anciens résistants, le peuple est profondément divisé. Au sein même de la Résistance, des divergences s'expriment, en particulier entre gaullistes et communistes. Malgré les clivages idéologiques et les difficultés politiques, le CNR parvient à faire aboutir en partie ses travaux en instituant la Sécurité sociale, dont les principes fondateurs s'inspirent largement des propositions faites par le rapport Beveridge en Grande-Bretagne, en 1942.

Le rapport Beveridge

Rien ne semble avoir prédestiné sir William Beveridge à adhérer aux idées et aux projets des travaillistes britanniques. Né en Inde en 1879 dans une famille bourgeoise, il bénéficie d'une éducation très élitiste, fréquentant les meilleures écoles avant de terminer ses études à la prestigieuse université d'Oxford. Après une courte expérience de juriste, il devient journaliste dans un quotidien conservateur. Il est ensuite présenté à Winston

Churchill, qui lui donne l'opportunité d'intégrer la fonction publique. C'est pendant sa carrière de fonctionnaire qu'il est amené à travailler sur les questions sociales. Ses investigations le conduisent à réfléchir au développement d'un service public de l'emploi et de la protection sociale en Grande-Bretagne. De 1919 à 1937, il dirige la *London School of Economics*, où il fait publier plusieurs essais sur les causes du chômage. Ses réflexions s'opposent parfois à celles de John Maynard Keynes, mais il est tout de même influencé par les idées de cet économiste en reconnaissant de plus en plus ouvertement la nécessité de permettre à l'État d'avoir un rôle régulateur pour corriger certains effets pervers du libéralisme. En 1941, les ministres Ernest Bevin et Arthur Greenwood confient à William Beveridge la présidence d'une commission interministérielle chargée de préparer une refonte complète des dispositifs d'assurance sociale. Un an plus tard, il présente le *rapport sur l'assurance sociale et les prestations connexes*.

Le rapport fait d'emblée le constat qu'en Grande-Bretagne, comme dans d'autres pays européens, les systèmes de protection sociale « se sont développés sans plan d'ensemble[1] » puisque, depuis la fin du dix-neuvième siècle, des législations successives ont reconnu des droits et créé des institutions chargées d'assurer séparément face aux risques liés à la maladie, aux accidents du travail, au chômage et à la vieillesse. Ce constat explique que la commission présidée par William Beveridge s'est « donné pour priorité de privilégier une approche globale de l'assurance sociale et des prestations associées[2] ». En plus de cette approche globale, le rapport repose sur la conviction que les conflits sociaux et les radicalisations politiques peuvent être évités en faisant reculer la misère.

---

[1] *Le Rapport Beveridge*, Paris, Éditions Perrin, 2012, p. 76.
[2] *Ibid.*, p. 77.

La commission affirme ainsi que « l'organisation de l'assurance sociale doit être considérée comme une composante d'une politique plus ambitieuse de progrès social ». Le rapport exprime clairement l'ambition de faire de la protection sociale un outil de redistribution des richesses et « une offensive contre l'indigence[1] ». Il est ajouté que « l'assurance sociale doit viser à garantir le revenu minimal nécessaire à la subsistance[2] » pour permettre « l'abolition de la pauvreté[3] » et contribuer finalement à « promouvoir le bonheur humain[4] ».

Le rapport précise que la prévention de la misère requiert la mise en place d'un système de protection sociale obligatoire, général, reposant sur un principe de *mutualisation des risques*. À cet effet, il est considéré comme nécessaire d'imposer à tous les citoyens d'adhérer à une *sécurité sociale unifiée* pour faire face collectivement aux difficultés provoquées par la maladie, par les accidents du travail, par le chômage et par la vieillesse, quels que soient l'âge, l'emploi et l'état de santé. Il est ainsi annoncé que « le nouveau régime de sécurité sociale implique la contribution obligatoire de tous, quels que soient les risques propres à chacun[5] ». Pour la commission, le caractère obligatoire de l'adhésion exige que la gestion de la protection sociale relève des prérogatives de la puissance publique.

Pour financer la protection sociale, le rapport recommande de faire payer des cotisations aux salariés, aux employeurs et aux travailleurs indépendants. Il est prévu de confier la collecte de l'ensemble des cotisations à un Fonds de l'assurance sociale. Le rapport propose que ce

---

[1] *Ibid.*, p. 81.
[2] *Ibid.*, p. 103.
[3] *Ibid.*, p. 200.
[4] *Ibid.*, p. 136.
[5] *Ibid.*, p. 175.

fonds puisse aussi bénéficier d'abondements de l'État « levés par l'impôt[1] », notamment grâce à la création d'une taxe industrielle applicable aux entreprises des secteurs d'activité causant beaucoup d'accidents du travail. Il est également prévu que la situation budgétaire du fonds soit surveillée par un ministère de la Sécurité sociale.

Tant en ce qui relève des prestations que des cotisations, tous les cas d'interruption de la vie professionnelle sont évoqués, mais la vieillesse fait clairement l'objet d'une attention particulière. Le rapport signifie ainsi que « le problème des dispositions à prendre pour les personnes âgées, de par sa nature et son ampleur, est le plus important et, à bien des égards, le plus difficile de tous ceux que pose la sécurité sociale ». Il est ajouté que « l'âge en tant que cause d'incapacité à gagner sa vie à l'âge adulte, dépasse en importance toutes les autres causes d'incapacité réunies[2] ». La commission anticipe un vieillissement accéléré de la population. La pertinence de ses prévisions démographiques ne survivra pas au baby-boom, mais il n'en est pas moins intéressant de retenir que le rapport entend donner aux politiques publiques l'objectif de permettre aux retraités de bénéficier d'un niveau de vie décent de sorte « qu'aucune personne âgée ne vive dans la gêne[3] ».

Le rapport ne remet pas en question les âges à partir desquels les Britanniques peuvent demander à faire valoir leurs droits à la retraite, c'est-à-dire soixante-cinq ans pour les hommes et soixante ans pour les femmes. Il propose d'appliquer des montants minimums aux pensions tout en admettant que « la capacité à prolonger la vie active varie selon les individus » et que, par conséquent, les retraités

---

[1] *Ibid.*, p. 149.
[2] *Ibid.*, p. 122.
[3] *Ibid.*, p. 128.

doivent pouvoir cesser de travailler quand ils le souhaitent, après qu'ils ont atteint l'âge requis par la législation. Il est ainsi considéré que « tenter de contraindre les gens à prendre leur retraite alors qu'ils ont encore l'énergie et le désir de travailler, les obliger, en repoussant l'âge minimal du versement des pensions, à peiner à la tâche alors que leur vaillance s'épuise, constituerait, dans l'un et l'autre cas, une erreur et une injustice[1] ». Aussi, le rapport propose d'abord d'accorder un niveau de revenu minimum à ceux qui partent à la retraite dès qu'ils ont atteint l'âge requis, ce niveau de revenu étant calculé en référence à un taux de base. Il propose ensuite d'appliquer un taux de pension accru pour que toute personne puisse toucher un complément à la pension de base dès lors qu'elle a poursuivi une activité professionnelle après avoir atteint l'âge requis.

En plus de l'âge de départ à la retraite, la commission propose de tenir également compte de la situation de chaque personne. Des montants différents sont prévus pour les pensions des célibataires, des hommes mariés et des femmes restées au foyer. Les célibataires doivent toucher des pensions simples, alors que les personnes vivant en couple peuvent percevoir des pensions combinées.

Les conclusions du rapport sont plutôt bien accueillies par les médias et par l'ensemble de la population, mais les milieux d'affaires se montrent dubitatifs et signifient laconiquement que la priorité du moment doit rester la poursuite de la guerre contre le Troisième Reich. La critique la plus virulente émane de l'économiste Friedrich von Hayek, qui considère que toute forme d'interventionnisme étatique ne peut que perturber négativement le fonctionnement de l'économie de marché. Sur la scène politique, le Premier ministre Winston

[1] *Ibid.*, p. 136.

Churchill assimile carrément les propositions de William Beveridge à une « vision creuse d'Utopie et d'Eldorado[1] ». Les commentaires péjoratifs n'empêchent pas le rapport d'avoir une influence déterminante sur les travaux législatifs dans l'immédiat après-guerre. Une loi sur l'assurance est votée en 1946. Deux autres lois portant respectivement sur l'assistance et sur le service national de santé sont votées en 1948, actant l'adoption par la Grande-Bretagne du modèle du *Welfare State* pour plusieurs décennies.

Le programme du CNR

Le rapport Beveridge rencontre un écho très favorable au sein de la Résistance, qui partage les intentions humanistes visant à redistribuer les richesses et « à atteindre un niveau de vie national à partir duquel la prospérité pourra s'étendre et l'indigence être abolie[2] ». Parmi les propositions du rapport, celle qui recommande de confier à une seule institution la gestion de l'ensemble des prestations sociales attire tout particulièrement l'attention. L'hétérogénéité des dispositifs rend la tâche impossible en France, mais il est tout de même convenu d'essayer de mettre en place une institution interprofessionnelle chargée de gérer les retraites et les autres protections sociales. C'est à ce moment que Pierre Laroque se prépare à entrer dans l'Histoire. Né à Paris en 1907, il bénéficie d'une éducation privilégiée avant d'intégrer le Conseil d'État, en 1929. Deux ans plus tard, il rejoint le cabinet d'Adolphe Landry, ministre du Travail, auprès de qui il commence à s'intéresser aux politiques sociales. Certains de ses aïeux étant suspectés d'avoir des origines juives, il est révoqué par le régime de Vichy en

[1] *Ibid.*, p. 48.
[2] *Ibid.*, p. 226.

1940. Juste après cette révocation, il se marie et part s'installer à Lyon, où il entre en contact avec Jean Moulin et Pierre Frenay, qui le font rentrer dans la Résistance. Après plusieurs échecs, il parvient à s'enfuir à Londres en 1943.

Pierre Laroque revient en France peu après le débarquement des forces alliées en Normandie. Ses réflexions personnelles, sa carrière professionnelle et son engagement dans la Résistance lui permettent de discerner et d'affirmer plus clairement ses convictions et ses projets politiques. Son origine bourgeoise ne l'empêche pas de se méfier autant du libéralisme que du marxisme. Rejetant à la fois l'individualisme, le collectivisme et la lutte des classes, il se réfère au *solidarisme*, qui défend la liberté d'entreprendre et la propriété privée tout en acceptant la négociation sociale, la redistribution des richesses et l'idée d'une « réorganisation corporative de l'économie sous l'impulsion de l'État[1] ». À maintes reprises, il exprime son intérêt pour le paritarisme, les conventions collectives et les syndicats, avec lesquels il estime nécessaire d'entretenir des relations suivies pour que les négociations « cessent d'être des relations de force[2] ».

Créé par Jean Moulin, le CNR regroupe des représentants de plusieurs partis politiques, de la CGT, de la CFTC et des mouvements Combat, Libération-Nord, Libération-Sud, Franc-Tireur, Front national, Organisation civile et militaire, Ceux de la Résistance et Ceux de la Libération. La première réunion est organisée clandestinement le 27 mai 1943, à Paris. Le 15 mars 1944, un programme est adopté à l'unanimité. Ce programme a d'abord pour objet d'organiser la lutte contre l'occupant en constituant un maximum de comités locaux et

---

[1] BEC, Colette, LOCHARD, Yves, *C'est une révolution que nous ferons*, Lormont, Le Bord de l'eau éditions, 2018, p. 23.
[2] *Ibid.*, p. 30.

départementaux chargés de préparer la libération du territoire, de soutenir les forces alliées, de venir en aide à la population, aux anciens prisonniers et aux anciens déportés. Le programme prévoit également le rétablissement de la démocratie, de « la pleine liberté de pensée, de conscience et d'expression[1] » ainsi que le lancement d'importants projets sociaux. Un de ces projets concerne « un plan complet de sécurité sociale, visant à assurer à tous les citoyens des moyens d'existence, dans tous les cas où ils sont incapables de se le procurer par le travail, avec gestion appartenant aux représentants des intéressés et de l'État[2] ». En complément, le programme prévoit « une retraite permettant aux vieux travailleurs de finir dignement leurs jours[3] ».

La Sécurité sociale

Charles de Gaulle nomme Alexandre Parodi ministre du Travail et de la Sécurité sociale au sein du GPRF. Le ministre connaît bien Pierre Laroque, avec qui il a travaillé au CNR et en qui il voit « un de ces hommes jeunes et neufs ayant fait leurs preuves dans la Résistance[4] ». Sur sa recommandation, Pierre Laroque est choisi pour prendre les fonctions de directeur général des Assurances sociales et de la Mutualité le 5 octobre 1944. Dans ses nouvelles fonctions, il est prêt à jouer un rôle déterminant dans la création de la Sécurité sociale.

---

[1] *Le Programme du Conseil national de la Résistance*, Le Bouscat, L'Esprit du Temps, 2012, p. 80.

[2] *Ibid.*, p. 85.

[3] *Ibid.*, p. 86.

[4] BEC, Colette, LOCHARD, Yves, *C'est une révolution que nous ferons*, Lormont, Le Bord de l'eau éditions, 2018, p. 43.

L'ordonnance du 4 octobre 1945

Le GPRF est parfaitement conscient des divisions qu'ont créées l'Occupation et le régime de Vichy. Sa première priorité est de rassembler les Français autour d'ambitions communes. Une de ces ambitions est de mettre en place un système unifié de protection sociale, comme le prévoit le programme du CNR à l'exemple de ce que recommande le rapport Beveridge en Grande-Bretagne. Dans un discours du 23 mars 1945, Pierre Laroque promet l'établissement d'un nouvel ordre social fondé sur « la garantie donnée à chacun qu'il disposera en toutes circonstances d'un revenu suffisant pour assurer à lui-même et à sa famille une existence décente[1] ». Il ajoute que cette promesse doit répondre « à la préoccupation fondamentale de débarrasser les travailleurs de la hantise du lendemain, de cette hantise du lendemain qui crée chez eux un constant complexe d'infériorité, qui arrête leurs possibilités d'expansion et qui crée la distinction injustifiable des classes entre les possédants, qui sont sûrs d'eux-mêmes et de leur avenir, et les non-possédants, constamment sous la menace de la misère[2] ». Pour Pierre Laroque, la nécessité d'assurer collectivement les salariés ne doit pas provoquer des abus mais un sens commun des responsabilités. Dans une autre communication, il indique : « la Sécurité sociale, telle que nous la concevons en France, doit être le fruit de l'effort conscient de la population entière, affirmant sa solidarité dans la lutte contre les aléas de l'existence et pour une équitable répartition du revenu national[3] ».

Au mois de juin 1945, Alexandre Parodi présente un projet d'ordonnance à une commission du Travail et des

---

[1] *Ibid.*, p. 47.
[2] *Ibid.*, p. 48.
[3] *Ibid.*, p. 51.

Affaires sociales. Présidée par le conseiller d'État Maurice Delépine, cette commission réunit des représentants du patronat, de la CGT et de la CFTC. Des divergences s'expriment rapidement, en particulier sur le caractère unifié et centralisé de la nouvelle institution de protection sociale. Après d'intenses tractations, la CFTC obtient que les allocations familiales soient gérées de façon autonome. Un texte est présenté puis adopté par l'Assemblée constituante provisoire le 31 juillet 1945. Le texte est retranscrit dans une ordonnance datée du 4 octobre 1945. Quelques semaines plus tard, le communiste Ambroise Croizat succède à Alexandre Parodi. Entretemps, Pierre Laroque est devenu directeur de la Sécurité sociale.

L'ordonnance n° 45-2259 du 4 octobre 1945 dispose, dès son premier article : « il est institué une organisation de la Sécurité sociale destinée à garantir les travailleurs et leurs familles contre les risques de toute nature susceptibles de réduire ou de supprimer leur capacité de gain, à couvrir les charges de maternité et les charges de famille qu'ils supportent ». Les prestations de cette nouvelle organisation remplacent ce que proposaient les assurances sociales, l'AVTS ainsi que les législations relatives aux accidents du travail et aux allocations familiales.

Les dispositions de l'article 2 précisent l'organisation technique et financière de la Sécurité sociale, qui est représentée sur l'ensemble du territoire par des caisses primaires et des caisses régionales, supervisées par une caisse nationale. Chaque caisse est gérée par un conseil d'administration composé de façon paritaire, donc avec « des représentants des travailleurs » désignés par les unions syndicales, « des représentants des employeurs » désignés par les organisations patronales, « des représentants des associations familiales » et des experts reconnus « pour leurs travaux sur les assurances sociales et les accidents du travail ». Le conseil d'administration de la caisse nationale comprend également un représentant du Conseil d'État, deux représentants du ministère du Travail, deux représentants du ministère de la Santé, un représentant du ministère de l'Économie, un représentant du ministère des Finances, un représentant de la Caisse des dépôts et consignations. En complément, un *conseil supérieur de la Sécurité sociale* est « institué auprès du ministre du Travail ». Ce conseil est également composé de façon paritaire.

L'article 4 dispose que « tous les travailleurs » sont affiliés aux caisses primaires et régionales, mais l'ordonnance accorde le droit de s'organiser de façon autonome aux « organismes spéciaux à certaines branches d'activité ou entreprises », notamment aux « professions agricoles et forestières ». L'affiliation de chaque salarié implique que les employeurs et les travailleurs indépendants sont obligés de payer des charges patronales et de prélever les cotisations sociales sur toutes les rémunérations versées.

La gestion des risques invalidité et vieillesse est confiée aux caisses régionales, auxquelles il incombe de « promouvoir et coordonner la prévention de l'invalidité ». Les dispositions de l'article 25 précisent que « les directions régionales procèdent à la liquidation des allocations aux vieux travailleurs isolés non assurés sociaux et non assurés des retraites ouvrières et paysannes ». Les risques maladie, maternité, décès et les dossiers liés à des incapacités temporaires sont attribués aux caisses primaires.

L'ordonnance du 19 octobre 1945

Les dispositions de l'ordonnance n° 45-2454 du 19 octobre 1945 visent à compléter celles de l'ordonnance précédente. Son article 2 rappelle que les affiliations à la Sécurité sociale sont obligatoires et qu'elles concernent « toutes les personnes de nationalité française de l'un ou l'autre sexe, salariées ou travaillant à quelque titre ou en quelque lieu que ce soit, pour un ou plusieurs employeurs et quels que soient le montant et la nature de leur rémunération, la forme, la nature ou la validité de leur contrat ». Les articles suivants concernent l'accès aux soins, la liberté de choisir un médecin, la tarification et les conditions de remboursement des actes médicaux, l'octroi d'indemnités journalières en cas d'incapacité temporaire de travail, le traitement des absences causées par une longue maladie, par une invalidité ou par une maternité.

C'est à partir de l'article 63 qu'il est question de l'assurance vieillesse, qui « garantit une pension de retraite à l'assuré qui atteint l'âge de soixante ans » et qui justifie « d'au moins trente années d'assurance ». Les années d'assurance incluent les périodes pendant lesquelles l'assuré a été « présent sous les drapeaux », celles pendant lesquelles il a été prisonnier, déporté, réfugié ou requis au titre d'un service du travail obligatoire ainsi que celles pendant lesquelles il a bénéficié d'allocations chômage, de prestations maladie, longue maladie, maternité, invalidité ou accident du travail.

Le salaire servant de base au calcul de la pension de retraite est le salaire annuel moyen perçu durant les dix dernières années de vie professionnelle. Le montant de la pension est majoré si l'assuré continue à travailler après soixante ans. Les dispositions de l'article 64 prévoient qu'une autre majoration s'applique aux assurés « qui ont exercé pendant au moins vingt années une activité particulièrement pénible de nature à provoquer l'usure prématurée de l'organisme ou sont reconnus inaptes au travail ».

En plus des cas ouvrant droit à des majorations, l'ordonnance prévoit des bonifications de la pension de retraite notamment pour « tout assuré de l'un ou de l'autre sexe ayant eu au moins trois enfants » ou lorsque l'assuré a la charge d'un conjoint ne bénéficiant d'aucune prestation de la Sécurité sociale. Les dispositions des articles 75 et 76 exposent les conditions dans lesquelles le conjoint d'un retraité décédé peut bénéficier d'un revenu minimal en touchant une pension de réversion.

La CNAVTS

Dans la seconde moitié des années 1960, il paraît de plus en plus nécessaire d'améliorer la gestion de la Sécurité sociale. Le commissariat général du Plan et la Cour des comptes sont sollicités à plusieurs reprises pour émettre des propositions. En 1967, leurs rapports permettent à Jean-Marcel Jeanneney, ministre des Affaires sociales, de préparer une réforme, qui aboutit à la promulgation d'une ordonnance.

Dès son premier article, l'ordonnance n° 67-706 du 21 août 1967 annonce que la nouvelle « organisation générale de la Sécurité sociale comprend », d'une part, « trois caisses nationales distinctes » et une agence centrale. Les trois caisses nationales sont la CNAMTS, la CNAF et la CNAVTS. En tant qu'agence centrale, l'ACOSS est « chargée de la gestion commune de la trésorerie de l'ensemble des caisses primaires et régionales ». Des modalités spécifiques sont proposées pour les départements du Bas-Rhin, du Haut-Rhin, de la Moselle et d'outre-mer. Le rapport introductif de l'ordonnance explique cette nouvelle organisation vise à éviter « la confusion des responsabilités » au sein de la Sécurité sociale et à faciliter une « gestion suffisamment individualisée et autonome » de l'assurance maladie, des prestations familiales et de l'assurance vieillesse.

La mission générale de la CNAVTS est définie à partir de l'article 36, qui dispose que cette caisse nationale « assure la gestion de l'assurance vieillesse des travailleurs salariés et exerce une action sanitaire et sociale en faveur de ces derniers ». Il est ajouté que « la caisse nationale centralise l'ensemble des ressources de l'assurance vieillesse » et qu'elle « assure le paiement des prestations ». Les dispositions de l'article 37 précisent que la CNAVTS est un établissement public administratif rattaché au ministère des Affaires sociales et au ministère de l'Économie et des Finances.

Pour assurer sa mission, la CNAVTS peut percevoir des « contributions de l'État », mais ses principales ressources restent les cotisations assises « sur l'ensemble des rémunérations ou gains perçus par les travailleurs salariés ». L'article 41 précise que ces cotisations restent « pour partie à la charge de l'employeur et pour partie à la charge du salarié ».

Comme dans chacune des autres caisses nationales, l'ordonnance impose une gouvernance paritaire. L'article 38 dispose ainsi que « la caisse nationale d'assurance vieillesse est administrée par un conseil d'administration qui comprend, pour moitié, des représentants des assurés désignés par les organisations syndicales nationales de salariés les plus représentatives et, pour moitié, des représentants des employeurs désignés par les organisations professionnelles nationales d'employeurs les plus représentatives ». Il est précisé que « les membres du conseil d'administration de la caisse nationale sont nommés pour quatre ans » et que leurs délibérations sont soumises à l'approbation du ministre des Affaires sociales et à celle du ministre de l'Économie et des Finances. En outre, l'article 60 dispose que le personnel de la CNAVTS « est constitué par des agents de droit privé ».

Le minimum vieillesse et le Fonds national de solidarité

Après l'armistice du 22 juin 1940, le régime de Vichy prend des dispositions pour améliorer le niveau de vie des personnes âgées. Dans le cadre de la *Révolution nationale*, René Belin, secrétaire d'État au Travail, est chargé de préparer des propositions. Ses travaux aboutissent à la promulgation de la loi du 14 mars 1941, par laquelle est créée l'AVTS. Cette allocation concerne les sexagénaires disposant de revenus particulièrement faibles. Le public bénéficiaire doit avoir au moins soixante-cinq ans, mais la condition d'âge peut être avancée à soixante ans en cas d'inaptitude médicale. L'AVTS permet de toucher un revenu minimum sans avoir à travailler. Le montant de ce revenu est fixé à 3 600 francs par an. Une bonification de 500 francs est prévue pour ceux qui ont élevé au moins cinq enfants. L'État français entend ainsi « garantir une retraite par l'assistance aux travailleurs exclus des assurances sociales[1] », mais la politique de *collaboration* contraint à détourner les richesses et les forces productives au profit de l'effort de guerre allemand. La situation des personnes âgées ne s'améliore pas significativement même si, en 1944, l'allocation est versée à plus d'un million six cent mille personnes.

En 1956, le gouvernement dirigé par Guy Mollet décide de réviser la législation pour lutter contre le

[1] CHAPUT, Hélène, JULIENNE, Katia, LELIÈVRE, Michèle, L'aide à la vieillesse pauvre : la construction du minimum vieillesse, *Revue française des affaires sociales*, n° 2007-1, mars 2007, p. 59.

développement de la pauvreté parmi les personnes âgées. Un projet de loi est préparé par le ministre socialiste Albert Gazier puis présenté aux parlementaires. Ce projet donne lieu à plusieurs rapports de la commission du travail de l'Assemblée nationale et de celle du Conseil de la République. À l'issue des débats, une loi est promulguée à la fin du mois de juin 1956.

La loi n° 56-639 du 30 juin 1956 vise principalement à créer un Fonds national de solidarité « en vue de promouvoir une politique générale de protection des personnes âgées par l'amélioration des pensions, retraites, rentes et allocations de vieillesse ». Le fonds a pour mission de verser une allocation supplémentaire à « toute personne de nationalité française, résidant sur le territoire métropolitain ou dans un département d'outre-mer, âgée d'au moins soixante-cinq ans » et pour laquelle la perception d'une pension de retraite ou d'aides sociales ne permet pas de cumuler au moins 201 000 francs de l'époque. La condition d'âge est abaissée à soixante ans « en cas d'inaptitude au travail ». Le plafond des revenus cumulés est fixé à 258 000 francs pour les personnes vivant en couple. Dans le calcul, il n'est pas tenu compte de certaines prestations, notamment les allocations familiales, les aides à domicile et les retraites versées aux anciens combattants. Des dispositions spécifiques sont prévues pour les veuves de guerre, les « grands infirmes », les « aveugles », « les bénéficiaires relevant des organismes de mutualité sociale agricole » et « les bénéficiaires des régimes spéciaux ».

Le financement du nouveau fonds est permis par une majoration de plusieurs impôts et taxes, notamment l'impôt sur le revenu, l'impôt sur les sociétés, les taxes sur l'alcool, sur « les véhicules à moteur », sur « les véhicules de tourisme immatriculés au nom des sociétés et servant au transport de personnes appartenant à ces mêmes sociétés ». Pour suivre le montant collecté annuellement, une ligne de compte est spécialement créée dans le budget de l'État. Le fonds est administré par le ministère des Affaires sociales, mais sa gestion financière est confiée à la Caisse des dépôts et consignations.

Pour veiller à la bonne application de la loi, il est prévu de placer un Comité national de la vieillesse auprès du ministre des Affaires sociales. Ce comité est composé « de représentants des divers organismes d'assurance vieillesse, de représentants du corps médical spécialisés dans l'étude des problèmes de gérontologie, de spécialistes d'études démographiques et de représentants des diverses organisations familiales, syndicales et d'action sociale en faveur de la vieillesse ».

Les nouveaux régimes spéciaux

Contrairement à l'Allemagne, la France n'a pas su développer les régimes de retraite de façon uniforme au dix-neuvième siècle. La création de la Sécurité sociale n'a pas fait disparaître les régimes spéciaux des agents de la fonction publique, des salariés de l'industrie minière, des chemins de fer et de l'agriculture. Dans la seconde moitié des années 1940, de nouveaux régimes spéciaux sont créés, en particulier ceux des agents des collectivités locales et des salariés la Compagnie du métropolitain de Paris.

La CNRACL

Depuis la Révolution, les collectivités territoriales ont vu leurs organisations et leurs prérogatives être redéfinies à maintes reprises. Il en est de même des régimes de retraite de leurs agents. Un décret du 4 juillet 1806 prévoit de créer des fonds pour les retraites des employés des administrations départementales et municipales, mais des difficultés procédurales font que ce décret n'est finalement pas appliqué. Une circulaire du 1er mai 1822 prévoit la mise en place d'une Caisse centrale de retraites pour les employés départementaux, mais cette mise en place n'est pas menée à son terme. Par une circulaire du 5 juillet 1825, il est demandé à chaque département de créer une caisse de retraite pour ses agents, mais ces nouvelles caisses rencontrent vite des difficultés budgétaires, qui rendent nécessaires des subventions de l'État et des conseils généraux. Un décret du 28 février 1896 prévoit des dispositions spécifiques pour les retraites des cantonniers. En 1930, une caisse d'épargne est créée pour les instituteurs communaux. Dans les années qui suivent, le ministre Adolphe Thiers pousse les préfets à créer des caisses de retraite communales. Dans les faits, ces caisses de retraite ne fonctionnent que dans les grandes villes, à l'exemple de Paris, qui compte une caisse commune aux employés du département de la Seine et de la Ville de Paris, une caisse pour les agents de la préfecture de police, une caisse pour les employés des hospices et des hôpitaux ainsi qu'une caisse pour les employés du Mont-de-piété. En 1943, la création d'une caisse de retraite commune à tous les agents territoriaux est prévue, mais le régime de Vichy ne parvient pas à la mettre en place.

La situation sociale des agents des collectivités locales n'est clarifiée qu'après la promulgation de l'ordonnance du 17 mai 1945, dont plusieurs dispositions imposent l'unification des caisses existantes. Cette unification est confirmée par un décret du 19 septembre 1947, qui précise les statuts de la CNRACL. Établissement public administratif, cette caisse nationale est placée sous la responsabilité de la Caisse des dépôts et consignations.

Le régime des salariés de la Compagnie du métropolitain de Paris

En 1883, la Ville de Paris décide de faire construire un réseau de chemin de fer métropolitain. Le percement des tunnels et l'aménagement des stations sont financés par la Ville, mais l'exploitation, l'entretien des voies et des accès sont confiés à la Compagnie du métropolitain de Paris, que viennent de créer l'investisseur belge Édouard Empain et la famille Schneider. La première ligne de métro est mise en service en juillet 1900. La Ville accorde une autre concession en 1901, cette fois-ci à la société concurrente dite du « chemin de fer électrique souterrain Nord-Sud ». La deuxième ligne de métro est mise en service progressivement entre la fin de l'année 1910 et le début du dernier trimestre de l'année 1912. En 1931, la Compagnie du métropolitain de Paris rachète son concurrent pour devenir l'unique exploitant des lignes. Huit ans plus tard, un régime spécial de retraite est créé au sein de cette compagnie.

Auparavant, des divergences politiques entre l'État, la Ville de Paris et le département de la Seine provoquent une succession de réorganisations dans la coordination des transports. En 1921, le département crée la Société des transports en commun de la région parisienne pour coordonner les activités des lignes de tramway et d'autobus. Cette société absorbe le Chemin de fer du bois de Boulogne, le Chemin de fer de Paris à Arpajon et le Tramway de l'ouest parisien entre 1922 et 1924. En 1938, un décret impose la mise en place d'une nouvelle structure de régulation, qui devient alors le Comité des transports parisiens. Quatre ans plus tard, ce comité est remplacé par le Conseil des transports parisiens. Après la Seconde Guerre mondiale, de nouvelles organisations sont créées en application d'une loi du 21 mars 1948, qui confie la régulation à un Office régional des transports parisiens. La même loi attribue l'exploitation du réseau à la RATP. Il est alors convenu que le personnel de ce nouvel exploitant se voit appliquer le régime spécial de retraite créé en 1939 pour les salariés de la Compagnie du métropolitain de Paris.

Les régimes autonomes

Les ordonnances du 4 octobre et du 19 octobre 1945 permettent de mettre en place les régimes des salariés du secteur privé. L'ordonnance du 17 mai 1945 clarifie les conditions applicables aux agents des collectivités locales, tandis qu'un autre régime spécial est maintenu pour les agents de la RATP. Des dispositions restent toutefois à prendre pour tous les non-salariés. Au sein du gouvernement, le ministre Daniel Mayer est chargé d'y travailler. Ses propositions aboutissent à la promulgation de la loi n° 48-101 du 17 janvier 1948.

Cette loi a pour principal objet d'instituer « une allocation vieillesse pour les personnes non salariées ». L'article 3 prévoit ainsi de mettre en place « une organisation autonome d'allocation de vieillesse » respectivement pour les « professions artisanales », pour les « professions industrielles et commerciales » et pour les « professions libérales », toutes ces professions se caractérisant par des obligations d'inscription au registre des métiers, au registre du commerce ou dans un ordre professionnel. La loi précise que « les allocations de vieillesse sont accordées à partir de l'âge de soixante-cinq ans, ou de soixante ans pour les personnes reconnues inaptes au travail ».

Après la promulgation de la loi, les artisans créent la CANCAVA et les travailleurs indépendants créent l'ORGANIC. En application d'un décret du 19 juillet

1948, les professionnels libéraux créent la CNAVPL. Cette caisse nationale est subdivisée en de multiples sections professionnelles dotées de caisses autonomes comme la Caisse de retraite des avocats, la Caisse nationale des barreaux français, la Caisse interprofessionnelle de prévoyance et d'assurance vieillesse des architectes, la Caisse autonome de retraite des médecins de France, la Caisse d'assurance vieillesse des chirurgiens-dentistes, la Caisse d'assurance vieillesse des pharmaciens, la Caisse d'assurance vieillesse des commissaires aux comptes et experts-comptables, la Caisse d'allocation vieillesse des agents généraux et des mandataires non salariés d'assurance et de capitalisation, la Caisse autonome de prévoyance des vétérinaires, la Caisse de prévoyance et de retraite des notaires, la Caisse d'assurance vieillesse des officiers publics et des compagnies judiciaires, la Caisse de retraite de l'enseignement, des arts appliqués, du sport et du tourisme ainsi que la CARPIMKO pour les infirmiers, les masseurs-kinésithérapeutes, les pédicures-podologues, les orthophonistes et les orthoptistes.

CHAPITRE III

LE DÉVELOPPEMENT DES RÉGIMES COMPLÉMENTAIRES

Le besoin d'une protection sociale complémentaire face aux risques liés à la vieillesse n'est guère nouveau. Il apparaît avant même la mise en application de la loi du 5 avril 1910 sur les rentes ouvrières et paysannes puisque, dans la seconde moitié du dix-neuvième siècle, plusieurs grandes entreprises mettent en place des régimes particulièrement avantageux pour les retraites de leurs cadres et de leurs ingénieurs.

Au début du vingtième siècle, des compagnies d'assurance proposent des placements permettant à leurs clients d'épargner en vue de disposer d'un capital lorsqu'ils s'arrêtent de travailler. Une Caisse fraternelle de capitalisation est ainsi créée à Lille en 1913. Sept ans plus tard, les compagnies Soleil et Aigle créent à leur tour des sociétés de capitalisation. S'il est fait en sorte qu'ils deviennent des produits d'*assurance populaire* durant l'entre-deux-guerres, ces placements restent principalement réservés à une clientèle bourgeoise. Les contrats garantissent « le versement d'un capital, en cas de décès ou à l'issue de la vie professionnelle[1] ». Ils sont proposés par des sociétés comme la Nationale Vie et la Compagnie d'assurances générales Vie. Les pratiques des entreprises et des compagnies d'assurance disparaissent après la création de la Sécurité sociale, mais les revendications pour l'institution de régimes complémentaires s'expriment rapidement.

L'AGIRC

L'AGIRC est mise en place après la signature de la convention collective nationale de retraite et de prévoyance du 14 mars 1947. Elle représente la première initiative moderne instituant une fédération de régimes complémentaires de retraite, mais la signature de la convention collective révèle d'abord l'influence grandissante des associations et des syndicats de cadres dans la France de l'après-guerre.

Le syndicalisme des cadres

Dans les dernières années du dix-neuvième siècle, les mouvements d'action catholique jouent un rôle précurseur dans le développement du syndicalisme des cadres. Une Union des ingénieurs catholiques est créée en 1892 par le père jésuite Henri-Régis Pupey-Girard. En 1906, elle devient l'Union sociale des ingénieurs catholiques. Vingt ans plus tard, des entrepreneurs chrétiens fondent la Confédération française des professions. En 1936 est créé un Syndicat des ingénieurs salariés. Un an plus tard, ce

[1] *L'Assurance de la Royale au Gan*, Paris, Claude Tchou & sons, 1992, p. 108.

syndicat fusionne avec d'autres organisations pour former la Fédération nationale des syndicats d'ingénieurs. La même année, un Mouvement des ingénieurs et chefs d'industrie d'action catholique se constitue.

À la fin de la Seconde Guerre mondiale, le syndicalisme de l'encadrement connaît une dynamique nouvelle, sans lien apparent avec les mouvements d'action catholique. La CGC est fondée en 1944 à l'initiative de l'ingénieur Jean Ducros, qui en devient le premier président. Quatre ans plus tard, une Union générale des ingénieurs et cadres est créée au sein de la CGT. Par la suite, une Union générale des ingénieurs, cadres et assimilés se met en place à la CFTC. Ces évolutions syndicales surviennent dans le contexte très particulier de l'après-guerre, caractérisé par l'engagement d'importants efforts de reconstruction. Ces efforts marquent le début d'une longue période de croissance économique, qui pousse les entreprises à embaucher, ce qui fait quasiment disparaître le chômage et contraint à constituer des équipes d'encadrement. Dans l'ensemble des secteurs d'activité, les postes de chefs d'équipe, de chefs de service et de directeurs se multiplient. En conséquence, la proportion des cadres dans la population active s'accroît sensiblement.

Après les législations relatives aux rentes ouvrières et paysannes puis aux assurances sociales, la création de la Sécurité sociale représente une grande avancée. Elle suscite toutefois une certaine insatisfaction parmi les cadres, qui voient dans les principes égalitaristes une remise en question de leur importance dans la vie économique. La « colère des cadres[1] » se manifeste d'abord au sein du CNR. Elle s'accentue après les promulgations des ordonnances du 4 octobre et du

[1] CHARPENTIER, François, *Les Retraites complémentaires AGIRC-ARRCO*, Paris, Presses universitaires de France, 2016, p. 15.

19 octobre 1945. Elle s'explique tout particulièrement par le constat que les autres catégories socioprofessionnelles cotisent moins chèrement aux différentes caisses de Sécurité sociale tout en bénéficiant d'une protection équivalente.

La convention collective nationale du 14 mars 1947

Après la création de la Sécurité sociale, de vives discussions s'engagent avec le GPRF. Certaines organisations syndicales réclament la mise en place de régimes complémentaires de retraite pour les cadres, qui ne bénéficient plus des régimes mis en place spécifiquement par certaines grandes entreprises. Devant l'insistance de la CGC puis de la CGT et de la CFTC, le gouvernement accepte l'engagement d'une négociation. Après plus d'une année de tractations, une convention collective nationale de retraite et de prévoyance est signée le 14 mars 1947.

Les régimes mis en place au sein de certaines grandes entreprises au dix-neuvième siècle fonctionnaient sur le principe de la capitalisation : chacun des cadres et des employeurs concernés cotisait jusqu'au départ en retraite, qui donnait le droit de toucher une rente ou un capital. En 1947, le gouvernement refuse la capitalisation. Ce choix politique contraint les signataires de la convention collective à accepter que les régimes complémentaires soient mis en place selon le principe de la répartition. L'ensemble des cadres actifs est donc appelé à cotiser pour les retraites complémentaires des cadres qui ne travaillent plus.

La protection sociale complémentaire « s'applique obligatoirement aux ingénieurs et cadres » en référence aux définitions données à ces catégories de personnel par les branches professionnelles. La convention collective

« met d'abord en place deux régimes obligatoires[1] » : un régime de retraite et un régime de prévoyance décès. Chaque régime est financé par des prélèvements sur les rémunérations, mais avec des logiques de calcul différentes puisque deux parties des rémunérations sont à considérer : d'une part, la partie inférieure au plafond de la Sécurité sociale, appelée « tranche A » et, d'autre part, la partie supérieure au plafond de la Sécurité sociale, appelée « tranche B ». Pour financer les régimes de retraite, un taux minimal de 8 % est appliqué sur la « tranche B » des salaires versés. Ce taux n'est pas partagé à parts égales : l'employeur paie 6 % de charges et les 2 % restant sont prélevés sur les paies des cadres. Chaque employeur est autorisé à négocier des accords d'entreprise pour porter éventuellement le taux des cotisations jusqu'à 16 %. La part payée par l'employeur est alors plafonnée à 10 %, les 6 % restant étant évidemment à la charge des cadres. Pour financer les régimes de prévoyance décès, un taux de 1,5 % est appliqué sur la « tranche A » des salaires.

La convention collective précise qu'il incombe à l'employeur de verser les charges et les cotisations. En cas de retard de paiement, les charges et les cotisations dues peuvent faire l'objet de « majorations de retard ». Si l'entreprise rend compte de difficultés financières, les institutions gestionnaires du régime de retraite et de la prévoyance décès peuvent accorder des remises totales ou partielles des majorations.

Chaque salarié bénéficiaire d'un régime complémentaire se voit ouvrir un compte dans une institution gestionnaire agréée par l'AGIRC. Sur ce compte, les cotisations versées permettent d'accumuler des points. Les droits à la retraite ne sont normalement

[1] FRIOT, Bernard, Un salariat avec des cadres et sans épargne : les enjeux de la naissance de l'AGIRC, *Sociétés contemporaines*, n° 24, octobre 1995, p. 66.

ouverts qu'à partir de l'âge de soixante-cinq ans. La convention collective reconnaît toutefois le droit de liquider sa retraite dès l'âge de cinquante-cinq ans, sous réserve d'avoir cotisé au moins dix ans à un régime complémentaire. Les cadres cessant leurs activités professionnelles avant d'avoir atteint l'âge de soixante-cinq ans voient s'appliquer des coefficients d'anticipation dans le calcul des montants de leurs pensions. Le montant de l'allocation de retraite dépend donc d'abord de l'âge de départ et du nombre d'années d'activité, qui est signifié par le nombre de points accumulés. Il dépend également de la valeur du point de retraite. La valeur du point peut être régulièrement révisée par les partenaires sociaux. Le versement de l'allocation commence le « premier jour du mois civil qui suit celui au cours duquel la demande de liquidation a été déposée ». De surcroît, il est prévu que les périodes travaillées avant 1947 soient comptabilisées dans le calcul de l'ancienneté de chaque cadre et dans l'accumulation des points.

La convention collective prévoit l'institution d'un système de réversion. Ce système permet à chaque conjoint d'un cadre décédé de toucher la moitié de la pension dès lors que ce conjoint atteint l'âge de soixante ans. Il faut toutefois pouvoir justifier que le cadre ait été marié et qu'il ait cotisé au moins quinze ans avant de décéder.

Personne morale de droit privé à but non lucratif, l'AGIRC fédère l'ensemble des institutions gestionnaires des régimes complémentaires de retraite des cadres. Avant de recouvrer des cotisations et de verser des pensions, ces institutions gestionnaires doivent avoir été autorisées par le ministère chargé de la Sécurité sociale et agréées par l'AGIRC. La gouvernance de l'AGIRC est d'abord confiée à un conseil d'administration paritaire. L'AGIRC s'est également dotée d'une première commission paritaire nationale, dans laquelle se réunissent les représentants désignés par le CNPF, la CGC, la CGT et la CFTC pour traiter « les questions posées pour l'interprétation » des termes de la convention collective. Une deuxième commission paritaire s'est mise en place pour gérer les procédures d'approbation des comptes.

La convention collective rencontre un succès immédiat. Dans beaucoup de secteurs d'activité, des régimes de retraite complémentaires se mettent en place et se font agréer par l'AGIRC. Dès 1947 sont ainsi créées l'Institution de prévoyance et de retraite du commerce et de la réparation de l'automobile, la Caisse de retraite des cadres de la profession pharmaceutique, la Caisse de retraite pour le personnel des banques, la Caisse nationale de retraite et de prévoyance des cadres de l'alimentation, la Caisse des cadres supérieurs des industries métallurgiques, la Caisse nationale de retraite du bâtiment et des travaux publics, l'Association de prévoyance interprofessionnelle des cadres et ingénieurs de la région lyonnaise, la Caisse interprofessionnelle de retraite par répartition des cadres et assimilés, la Caisse de retraite des ingénieurs et cadres assimilés, la Caisse de retraite et de prévoyance des cadres, l'Institution de retraite par répartition de l'association pour la retraite des ingénieurs et la Caisse générale de retraite des cadres par répartition. En 1948, les régimes complémentaires de l'encadrement concernent un peu plus de 28 000 entreprises, 224 000 cotisants et 19 500 allocataires. Quatorze ans plus tard, il est comptabilisé que « 148 627 entreprises sont adhérentes à l'AGIRC, soit 750 000 cotisants pour 195 000 allocataires[1] ».

---

[1] CHARPENTIER, François, *Les Retraites complémentaires AGIRC-ARRCO*, Paris, Presses universitaires de France, 2016, p. 27.

L'ARRCO

Les circonstances dans lesquelles est née l'ARRCO diffèrent sensiblement de celles dans lesquelles l'AGIRC a été créée. Les adhésions à des régimes complémentaires de retraite pour des cadres deviennent obligatoires à partir de 1947 grâce à une négociation interprofessionnelle, qui permet de mettre en place une fédération puissante, régulatrice des régimes auxquels elle donne son agrément. Quatorze ans plus tard, la reconnaissance du droit à un régime complémentaire pour l'ensemble des salariés non-cadres intervient après de multiples « initiatives prises sur le terrain[1] » ayant abouti à la mise en place de régimes complémentaires spécifiques, qui gardent ensuite une grande autonomie dans leurs relations avec l'ARRCO.

L'UNIRS

À la fin des années 1940, les partenaires sociaux négocient la création de caisses complémentaires pour les retraites des salariés non-cadres dans certaines professions, certaines régions et certains secteurs d'activité. En 1948 sont ainsi mis en place des régimes complémentaires pour les expatriés, pour les salariés des coopératives de consommateurs, pour ceux des entreprises du papier-carton, du bâtiment et des travaux publics ainsi que pour ceux de quelques grands groupes de l'industrie automobile et de l'industrie aéronautique. Huit ans plus tard, le ministère du Travail recense déjà « environ 700 institutions, caisses ou régimes de natures très diverses[2] ».

La multiplication des régimes complémentaires finit par inquiéter les responsables politiques, qui redoutent que

---

[1] *Ibid.*, p. 30.
[2] *Ibid.*, p. 31.

certains de ces régimes finissent par ne plus être solvables à long terme. En 1956, le gouvernement décide de constituer une Commission de coordination technique des régimes de prévoyance libre. Les principales propositions faites par cette commission ne sont guère prises en compte, mais elles inspirent quand même la promulgation de la loi du 1er décembre 1956, par laquelle sont réclamés un rapprochement et une uniformisation des régimes.

Après la promulgation de la loi du 1er décembre 1956, le CNPF, la CGT, la CFTC et FO engagent une négociation. Le 15 mai 1957, cette négociation aboutit à la création de l'UNIRS que seule la CGT va refuser de cautionner. La création de cette institution a pour principal objectif d'organiser les versements de compensations financières entre les régimes existants, notamment pour éviter que les employeurs n'aient à renflouer certaines caisses déficitaires. Les partenaires sociaux ne contraignent pas les caisses, qui sont donc libres d'adhérer à la nouvelle union nationale et à sa logique de « mutualisation de moyens[1] ».

Le caractère non obligatoire signe rapidement l'échec de l'UNIRS. Les régimes complémentaires les plus importants comme l'Association générale des retraites par répartition, la Caisse nationale de retraite des ouvriers du bâtiment et la Caisse de retraite interprofessionnelle de la régie Renault font le choix de rester indépendants.

Après l'instauration de la Cinquième République, Charles de Gaulle demande à Pierre Laroque de travailler sur la question des retraites. Dans ses recommandations, Pierre Laroque suggère de généraliser le droit à une retraite complémentaire en adoptant un système par points, à l'exemple de ce qui existe déjà pour les cadres avec les régimes agréés par l'AGIRC.

---

[1] *Ibid.*, p. 33.

L'accord national interprofessionnel du 8 décembre 1961

Longtemps réticent à une généralisation du droit à la retraite complémentaire, le CNPF finit par céder aux pressions du gouvernement et accepte d'engager des négociations. Le 8 décembre 1961, les discussions aboutissement à la signature d'un accord national interprofessionnel, qui prévoit la création de l'ARRCO pour remplacer l'union nationale créée en 1957.

La signature de l'accord fait que l'ensemble des régimes complémentaires créés depuis la fin des années 1940 est appelé à adhérer à l'ARRCO, mais ils n'en gardent pas moins une certaine autonomie. Contrairement à l'AGIRC, l'ARRCO est une fédération qui, dans les faits, n'est pas immédiatement agréante des régimes préexistants. Les dix-sept premiers régimes qui la rejoignent conservent tous leurs structures de gouvernance, qui décident librement des conditions d'attribution et de calcul des cotisations et des pensions.

Au fil des années et des révisions de l'accord, l'ARRCO parvient à faire progressivement valoir de nouvelles prérogatives en prenant exemple sur ce qui est déjà pratiqué par l'AGIRC. Il est ainsi convenu que les institutions gestionnaires des régimes complémentaires des salariés non-cadres doivent être des personnes morales de droit privé à but non lucratif, qu'elles remplissent une mission d'intérêt général et qu'elles soient « administrées paritairement ». Au titre de leur mission d'intérêt général, ces institutions se doivent de « recouvrer les cotisations, liquider les droits et payer les allocations de retraite afférentes ».

L'ARRCO se donne également pour rôle « d'assurer le bon fonctionnement et la pérennité » de la gestion des régimes complémentaires de retraite en s'autorisant à « réaliser entre les institutions adhérentes une compensation de leurs opérations et de promouvoir entre ces institutions une coordination appropriée ». Afin de légitimer son rôle, l'ARRCO se dote d'organes de gouvernance paritaires. Le conseil d'administration, le bureau et les différentes commissions qui leur rapportent doivent tous comprendre un nombre égal de représentants des organisations patronales et des confédérations syndicales.

L'obligation de cotiser à un régime complémentaire de retraite pour les salariés non-cadres finit par s'imposer. Comme pour les autres dispositifs de protection sociale, les charges et les cotisations sont calculées sur l'ensemble des éléments de rémunération. En contrepartie, des points sont inscrits aux comptes des salariés. Comme à l'AGIRC, le montant de l'allocation de retraite dépend de l'âge de départ, du nombre de points accumulés et de la valeur du point de retraite, qui peut être régulièrement révisée par les partenaires sociaux.

La généralisation des retraites complémentaires

La diversité des régimes complémentaires nécessite d'aller plus loin dans la régulation pour harmoniser véritablement les dispositions applicables. Les partenaires sociaux finissent par convenir du fait que les différents régimes doivent équilibrer leurs budgets à l'identique dans un délai de cinq ans à partir du 1er janvier 1963, donc avant le début de l'année 1968. Par la suite, l'activité de l'ARRCO continue de s'étendre et de se structurer. Cette évolution s'accélère après la promulgation de la loi du 29 décembre 1972.

La loi du 29 décembre 1972

Nommé Premier ministre le 5 juillet 1972 par Georges Pompidou, Pierre Messmer comprend immédiatement l'importance de généraliser et d'harmoniser l'accès au droit à la retraite complémentaire pour tous les salariés non-cadres. Au gouvernement, il est demandé à Edgar Faure, ministre d'État chargé des Affaires sociales, de traiter la question. Un projet de loi est préparé puis communiqué à l'Assemblée nationale et au Sénat au début du mois de décembre 1972. Par la suite, la commission des affaires culturelles de l'Assemblée nationale rédige un rapport, qui est présenté par le député Pierre Sallenave. Au Sénat, Robert Schwint rend compte du rapport de la commission des affaires sociales. Les débats parlementaires se terminent quelques jours avant Noël.

Les premières dispositions de la loi n° 72-1223 du 29 décembre 1972 annoncent l'obligation d'affilier à un régime complémentaire de retraite « les catégories de salariés assujettis à titre obligatoire à l'assurance vieillesse du régime général de Sécurité sociale ou des assurances sociales agricoles et les anciens salariés de même catégorie, qui ne relèvent pas d'un régime complémentaire de retraite ».

L'article 1 dispose également qu'une « solidarité interprofessionnelle et générale » doit être organisée entre les institutions gestionnaires des régimes complémentaires, ce qui donne évidemment à l'ARRCO l'opportunité de développer d'importantes prérogatives de régulation et de financement des régimes.

D'autres dispositions prévoient que les périodes travaillées antérieurement à la promulgation de la loi puissent être prises en compte et validées par les institutions gestionnaires des régimes complémentaires.

Le 6 juin 1973, les partenaires sociaux signent un protocole d'accord imposant l'affiliation des salariés cadres à un régime adhérant à l'ARRCO. La même année, il est relevé que l'ARRCO « totalise plus de 10 millions de cotisants pour 3,54 millions d'allocataires[1] ». Bien que l'ARRCO ait été créée plus de quatorze ans après l'AGIRC, la loi du 29 décembre 1972 et le protocole d'accord du 6 juin 1973 lui permettent d'acquérir « un rôle central d'impulsion, de mutualisation et de contrôle[2] » pour enfin devenir une fédération incontournable dans le système français des retraites.

Les régimes complémentaires des agents non titulaires de la fonction publique

Depuis le dix-neuvième siècle, les agents titulaires des différents corps de la fonction publique bénéficient d'une succession de régimes leur permettant de faire valoir leurs droits à la retraite dans des conditions enviables. L'institution du régime général de la Sécurité sociale, la création de l'AGIRC puis celle de l'ARRCO donnent progressivement l'accès à une protection très complète contre les risques liés au vieillissement pour les salariés du secteur privé. À la fin des années 1940, des avancées sont également obtenues par les agents non titulaires de la fonction publique.

En 1949, la mobilisation de plusieurs organisations syndicales aboutit à la création de l'Institution de prévoyance des agents contractuels et temporaires de l'État. Cette institution s'impose progressivement comme l'organisme gestionnaire des retraites complémentaires des cadres non titulaires de la fonction publique. Elle est

---

[1] *Ibid.*, p. 39.
[2] *Ibid.*, p. 83.

vite considérée comme « l'équivalent pour le secteur public de l'AGIRC[1] ».

Pour les agents non-cadres, une Institution générale de retraite des agents non titulaires de l'État est fondée en 1959. Comme l'indiquent ses statuts, cette institution devient l'organisme de référence pour la gestion des retraites complémentaires des agents non-cadres et non titulaires.

À la fin des années 1960, il est décidé de rapprocher les deux institutions. Le 1er janvier 1971, les efforts de rapprochement permettent finalement une fusion et la création de l'Institution de retraite complémentaire des agents non titulaires de l'État et des collectivités publiques. Cette nouvelle institution gère non seulement les retraites complémentaires des agents contractuels de droit public mais aussi celles des praticiens hospitaliers, celles « des agents ne bénéficiant pas du régime de la CNRACL[2] », celles des élus locaux, celles des membres et anciens membres du gouvernement.

---

[1] *Le Guide de votre retraite*, Paris, IRCANTEC, 2017, p. 36.
[2] *Ibid.*, p. 11.

CHAPITRE IV

PRÉRETRAITES, PAUVRETÉ ET CHÔMAGE

Dans les années 1970, la pauvreté est loin d'être une préoccupation nouvelle. À la fin de la Première Guerre mondiale, la misère touche déjà une bonne partie des soldats démobilisés, des veuves laissées sans ressources, des enfants orphelins, des ouvriers agricoles et des « éclopés de la vie[1] ». Toutes ces personnes peuvent être accueillies par les hôpitaux et par les bureaux de bienfaisance, qui engagent alors « une vaste politique de construction de logements pour personnes âgées[2] » dans plusieurs grandes villes. Des organisations caritatives telles que l'Armée du salut, les Orphelins-Apprentis d'Auteuil, les Conférences de Saint-Vincent-de-Paul et la Mie de Pain se mobilisent également pour fournir des

---

[1] GUESLIN, André, *Les Gens de rien*, Paris, Fayard, 2004, p. 71.
[2] BRODIEZ-DOLINO, Axelle, Entre social et sanitaire : les politiques de lutte contre la pauvreté-précarité en France au XXe siècle, *Le Mouvement social*, n° 242, janvier 2013, p. 10.

aides de première nécessité. Parmi leurs diverses activités, services publics et organisations caritatives nourrissent et soignent des vieillards non bénéficiaires des assurances sociales. Dans les années 1930, bon nombre de personnes âgées côtoient les victimes de la Grande Dépression aux entrées des asiles de nuit, dans les restaurants économiques et les soupes populaires. La situation ne s'arrange pas durant la Seconde Guerre mondiale : si le régime de Vichy crée l'AVTS en 1941, il n'en cautionne pas moins des pratiques eugénistes, au nom desquelles on laisse disparaître les personnes âgées et affaiblies. Dans les hôpitaux et les asiles, il est parfois demandé au corps médical de sous-alimenter les vieillards et les handicapés, pendant que les retraités juifs sont poursuivis et arrêtés avant d'être déportés.

Les années d'après-guerre marquent le début du cycle de croissance dit des « Trente Glorieuses ». Durant cette période, le volontarisme des partenaires sociaux contribue à étendre et à financer la protection sociale, ce qui permet de pérenniser le régime général, les régimes spéciaux, les régimes autonomes puis les régimes complémentaires de retraite. La situation s'améliore, mais il reste illusoire de « croire que la pauvreté considérée comme rémanente allait finalement disparaître[1] ». Dans les zones rurales et à la périphérie des grandes villes, il est malheureusement toujours à déplorer que ces années « sont loin d'être glorieuses pour tous[2] », que des retraités terminent leurs vies dans des conditions misérables et des habitats insalubres, ce que des associations comme le Secours catholique, Emmaüs et le Secours populaire ne manquent pas de dénoncer.

---

[1] GUESLIN, André, *Les Gens de rien*, Paris, Fayard, 2004, p. 145.

[2] BRODIEZ-DOLINO, Axelle, Entre social et sanitaire : les politiques de lutte contre la pauvreté-précarité en France au XXe siècle, *Le Mouvement social*, n° 242, janvier 2013, p. 24.

Les préretraites et la lutte contre la pauvreté des personnes âgées

Les chocs pétroliers des années 1970 cassent le rythme de la croissance économique et mettent fin à plusieurs décennies d'un plein emploi basé sur le modèle de « la société salariale fordiste[1] ». Certains secteurs d'activité sont contraints à de vastes restructurations. Face à cette situation, les pouvoirs publics redéfinissent les objectifs des politiques sociales et se préparent notamment à mettre en place des dispositifs destinés à faciliter les départs en retraite.

Le FNE et les conventions de préretraite

Avant même les chocs pétroliers, la France subit des restructurations qui affectent tout particulièrement l'industrie et détournent une proportion croissante de la main-d'œuvre vers les activités de service. Au début des années 1960, le gouvernement de Georges Pompidou se mobilise pour accompagner la tertiarisation de l'économie et pour aider les entreprises à adapter leurs organisations. La première mesure significative est la création du FNE à la suite de la promulgation de la loi n° 63-1240 du 18 décembre 1963.

Le premier article indique clairement l'objectif de cette loi, à savoir : « faciliter aux travailleurs salariés la continuité de leur activité à travers les transformations qu'implique le développement économique et favoriser, à cette fin, en cas de changements professionnels dus à l'évolution technique ou à la modification des conditions de la production, l'adaptation de ces travailleurs à des emplois nouveaux salariés de l'industrie ou du commerce ». Dans cet objectif, la loi reconnaît aux

---

[1] *Ibid.*, p. 28.

travailleurs victimes de restructurations le droit de percevoir des aides individuelles. Ces aides doivent permettre de continuer à percevoir un revenu, d'organiser la mobilité géographique et de se former à de nouveaux métiers. Pour qu'ils puissent continuer à toucher un revenu, les travailleurs concernés bénéficient d'allocations spécifiques. Pour organiser leur mobilité géographique, ils peuvent demander à percevoir des allocations d'hébergement, des aides aux déménagements, des bons de transport gratuits et des indemnités dites de « double résidence ». Pour se former à de nouveaux métiers, ils sont invités à suivre des actions de reconversion ou de réadaptation.

Une des innovations majeures de la loi est la possibilité de négocier des conventions de préretraite. L'expert Claude Thomas explique ainsi que « dans les secteurs géographiques ou professionnels où des licenciements compromettent gravement la situation de l'emploi, le Fonds national de l'emploi peut intervenir sous forme de conventions avec l'entreprise qui doit licencier », l'objet des conventions étant « d'accorder aux salariés de plus de 60 ans dont le reclassement, étant donné la situation de l'emploi, est impossible, une allocation qui leur permet d'atteindre 65 ans sans faire liquider avec abattement leur retraite[1] ». En pratique, les conventions permettent de verser au moins 80 % du salaire habituel aux salariés concernés, qui restent inactifs jusqu'à ce qu'ils puissent faire valoir leurs droits à une retraite à taux plein auprès du régime général et des régimes complémentaires. La garantie de 80 % du salaire habituel est généralement assumée à hauteur de 60 % par les ASSEDIC, à hauteur de 5 % à 7 % par le FNE et à hauteur de 10 % à 15 % par le dernier employeur.

---

[1] THOMAS, Claude, Le Fonds national de l'emploi, *Cahier du CHATEFP*, n° 4, septembre 2000, p. 5.

La mise en œuvre des conventions de préretraite rencontre un réel succès. Sur les chantiers navals, dans les industries minières, sidérurgiques et mécaniques, de grandes entreprises saisissent l'opportunité de conclure des conventions pour réduire leurs effectifs et simplifier leurs organisations en évitant d'avoir à gérer des situations sociales trop conflictuelles. Si elle ne manque pas d'intérêt, la possibilité de recourir aux préretraites suscite de vives critiques. L'économiste Jean-Olivier Hairault estime *a posteriori* que les préretraites font partie « d'une politique malthusienne de réduction systématique du temps de travail[1] » et que, contrairement à ce qui a été envisagé initialement, « le départ des plus âgés, considérés comme moins productifs[2] », n'a absolument pas permis de « libérer des emplois pour des jeunes[3] ». Il en conclut que les préretraites n'ont eu *in fine* que des effets destructeurs pour l'emploi.

La revalorisation des pensions

Le gouvernement comprend rapidement qu'en plus de la facilitation des départs, il s'avère nécessaire d'améliorer le pouvoir d'achat des retraités. Pour cela, Robert Boulin, ministre de la Santé publique et de la Sécurité sociale, est chargé de préparer un projet de loi. Un texte est présenté au Parlement au mois de novembre de l'année 1971. Il est d'abord examiné à l'Assemblée nationale, où le député Marcel Hoffer présente un rapport rédigé au nom de la commission des affaires culturelles. Par la suite, Lucien Grand présente le rapport de la commission des affaires sociales du Sénat. À l'issue des débats, une loi est

---

[1] HAIRAULT, Jean-Olivier, *Ce modèle social que le monde ne nous envie plus*, Paris, Albin Michel, 2015, p. 8.
[2] *Ibid.*, p. 33.
[3] *Ibid.*, p. 34.

promulguée le 31 décembre 1971. Comme prévu, ses dispositions imposent une revalorisation des pensions, mais elles prévoient aussi un traitement particulier des situations d'inaptitude au travail.

La loi n° 71-1132 du 31 décembre 1971 dispose que les pensions de retraite « sont majorées forfaitairement de 5 % ». L'article 8 précise que la majoration s'applique aux pensions versées par le régime général de la Sécurité sociale. L'article 10 ajoute que la loi est également « applicable aux pensions des travailleurs salariés agricoles ».

La loi prévoit une amélioration du traitement des salariés devenus inaptes au travail. L'article 2 dispose ainsi que « les assurés qui sont reconnus inaptes au travail », les anciens déportés et les « titulaires de la carte de déporté ou interné de la Résistance » bénéficient d'un départ en retraite à taux plein s'ils cessent de travailler à partir de l'âge de soixante ans. Cela signifie que ces personnes n'ont plus besoin de travailler jusqu'à l'âge de soixante-cinq ans pour toucher une pension de retraite normale.

En complément, la loi donne une nouvelle définition de l'inaptitude, qui désigne désormais la situation d'un salarié « qui n'est pas en mesure de poursuivre l'exercice de son emploi sans nuire gravement à sa santé et qui se trouve définitivement atteint d'une incapacité de travail de 50 % médicalement constatée, compte tenu de ses aptitudes physiques et mentales à l'exercice d'une activité professionnelle ». L'incapacité de travail donne droit à la perception d'une pension d'invalidité, qui cesse d'être versée pour être remplacée par la pension de retraite dès lors que l'âge de soixante ans est atteint.

La revalorisation des pensions profite également aux femmes « ayant élevé au moins deux enfants ». L'article 9 prévoit que ces femmes « bénéficient d'une majoration de leur durée d'assurance égale à une année supplémentaire par enfant élevé ».

Le régime de garantie de ressources

Quelques mois après la revalorisation des pensions, le gouvernement de Jacques Chaban-Delmas invite les partenaires sociaux à discuter des conditions spécifiques de prise en charge des demandeurs d'emploi âgés d'au moins soixante ans et ne pouvant pas encore faire valoir leurs droits à la retraite. Après plusieurs mois de négociation, un accord national interprofessionnel est signé le 27 mars 1972. Cet accord propose la mise en place d'un régime de garantie de ressources, dont le financement repose en grande partie sur des fonds publics.

La proposition des partenaires sociaux est reprise par le gouvernement. Robert Boulin, toujours ministre de la Santé publique et de la Sécurité sociale, et Joseph Fontanet, ministre du Travail, de l'Emploi et de la Population, travaillent à la préparation d'un projet de loi, qui est approuvé en Conseil des ministres avant d'être communiqué au Parlement. Le 8 juin 1972, le député Jacques Sourdille rend compte du rapport de la commission des affaires culturelles de l'Assemblée nationale. Douze jours plus tard, Jean-Baptiste Mathias présente le rapport établi par la commission des affaires sociales du Sénat. À l'issue des travaux parlementaires, le président de la République promulgue la loi le 5 juillet 1972.

La loi n° 72-635 du 5 juillet 1972 institue « la garantie de ressources des travailleurs âgés ». En référence à l'accord national interprofessionnel du 27 mars 1972, le premier article de la loi explique l'objet et les modalités générales du nouveau régime en disposant que « l'État contribue au financement du régime de garantie de ressources des travailleurs âgés de soixante ans au moins et privés d'emploi ». Il est donc établi que le nouveau régime doit permettre de verser des *allocations d'aide publique* aux demandeurs d'emploi ayant au moins soixante ans et ne pouvant pas encore bénéficier de pensions de retraite.

Beaucoup des conditions d'application du régime de garantie de ressources sont renvoyées à des décrets, mais il est entendu que les bénéficiaires doivent effectuer des formalités déclaratives à l'ANPE avant de toucher les allocations prévues jusqu'à l'ouverture des droits à une retraite à taux plein. La loi précise qu'une partie des allocations n'est pas soumise à l'impôt sur le revenu. En complément, il est prévu d'inciter les employeurs à reclasser les salariés et à prendre des mesures « pour aménager l'emploi des personnes en fin de carrière ».

La « garantie démission »

Le régime de garantie de ressources concerne les travailleurs âgés que leurs employeurs ont décidé de licencier, ce qui explique que ce régime est couramment appelé « garantie licenciement ». Cinq ans après la promulgation de la loi du 5 juillet 1972, les partenaires sociaux négocient les conditions d'un élargissement du régime aux salariés cessant de travailler après avoir démissionné. Le 13 juin 1977, les discussions aboutissent à la signature d'un accord national interprofessionnel, qui crée un nouveau type de garantie.

Comme prévu, l'accord du 13 juin 1977 donne aux salariés âgés d'au moins soixante ans le droit de démissionner, de rester sans activité et de demander à bénéficier du régime de garantie de ressources. Ce nouveau droit est alors appelé « garantie démission ». Il est clairement disposé que cette garantie doit être gérée selon les mêmes principes que ceux qui s'appliquent à la « garantie licenciement ». Il s'agit donc de verser des allocations aux salariés démissionnaires âgés d'au moins soixante ans et ne pouvant pas encore bénéficier de pensions de retraite.

Une lettre ministérielle du 3 novembre 1977 précise que, comme pour la « garantie licenciement », les bénéficiaires doivent effectuer des formalités déclaratives « aux services de l'emploi » pour que l'ANPE leur délivre des récépissés d'inscription avec lesquels ils peuvent ensuite toucher les allocations prévues jusqu'à l'ouverture des droits à une retraite à taux plein.

Comme pour la « garantie licenciement », la mise en application de la « garantie démission » rencontre de réels succès. En 1979, un rapport sénatorial indique que ces régimes de garantie concernent « 16 % des chômeurs[1] ». Cette situation ne manque pas de provoquer des polémiques. Pour certains, les garanties de ressources sont à considérer comme l'expression de la solidarité nationale auprès des demandeurs d'emploi âgés mais, pour d'autres, elles signifient l'apparition de nouvelles problématiques. Le rapport du Sénat dénonce ainsi le fait que ces garanties complexifient la gestion des allocations chômage, qui ne reposent plus seulement sur une logique d'assurance mais sur « la coexistence de l'assistance et de l'assurance[2] ». Le rapport observe notamment que « la garantie de ressources était une mesure conjoncturelle et limitée », mais que « son usage en fait désormais une mesure de type structurel contre le chômage des salariés âgés[3] ».

---

[1] *Rapport fait au nom de la commission des Affaires sociales sur le projet de loi, adopté par l'Assemblée nationale, après déclaration d'urgence, relatif à l'aide aux travailleurs privés d'emploi*, Paris, Sénat, 1979, p. 15.

[2] *Ibid.*, p. 8.

[3] *Ibid.*, p. 11.

Le temps ne fait guère s'apaiser les polémiques. En 1999, une mission d'étude sur les retraites analyse ainsi que les « mesures d'âge » permettent aux entreprises de satisfaire des besoins de « rajeunissement de la pyramide des âges de leurs salariés[1] », mais que ces mesures aboutissent surtout à « la libéralisation de l'accès aux cessations anticipées d'activité[2] » et à « un modèle inédit de gestion des fins de carrières où l'exclusion des salariés âgés semble avoir été érigée en règle[3] ». En 2015, Jean-Olivier Hairault souligne que la promulgation de la loi du 5 juillet 1972 et la signature de l'accord national interprofessionnel du 13 juin 1977 marquent « le début d'un long processus où la cessation anticipée d'activité des plus anciens est censée préserver l'emploi des plus jeunes[4] » en ajoutant ironiquement que cela ne provoque finalement que la généralisation de « l'inactivité précoce des seniors[5] » et la dégradation des chiffres du chômage.

La retraite à soixante ans

« Le peuple qui a défendu bec et ongles, à force de résistance, de jours de grève, qui a défendu son immense conquête, cet acquis de civilisation qu'est la retraite à soixante ans et qui ira la chercher avec des fourches pour la ramener ! » C'est par ces mots que Jean-Luc Mélenchon, candidat du Front de gauche, définit les

---

[1] Mission d'étude sur le développement et les conséquences économiques à court, moyen et long terme d'une retraite progressive et choisie, *Les Dispositifs de cessation d'activité : état des lieux et évolutions souhaitables*, Paris, Conseil d'analyse économique, 1999, p. 5.

[2] *Ibid.*, p. 14.

[3] *Ibid.*, p. 13.

[4] HAIRAULT, Jean-Olivier, *Ce modèle social que le monde ne nous envie plus*, Paris, Albin Michel, 2015, p. 33.

[5] *Ibid.*, p. 36.

Français devant ses partisans le 19 avril 2012, lors de son dernier meeting de campagne avant le premier tour de l'élection présidentielle. Ces propos rendent bien compte du fait que, pour beaucoup de nos concitoyens, l'abaissement de l'âge de la retraite à soixante ans a été vécu comme une avancée sociale majeure. Trente et un ans plus tôt, la révision des conditions des départs en retraite était pourtant encore un sujet sensible. Cela faisait longtemps que l'âge de référence restait fixé à soixante-cinq ans, mais la désindustrialisation rendait le chômage massif et durable. Face à la fragilisation des carrières professionnelles, à l'impuissance du service public de l'emploi et à la paupérisation d'une partie de la société, il fut résolument décidé d'aller plus loin dans la stratégie d'avancement des départs en retraite.

Chômage de masse et nouvelles pauvretés

Au début des années 1980, la dégradation du taux d'emploi, les difficultés d'intégration des immigrés, le tassement du pouvoir d'achat et, en particulier, l'augmentation des coûts du logement mettent une partie de la classe moyenne au ban de la vie économique. Cette situation impose une redéfinition de la pauvreté, qui devient un ensemble de « phénomènes d'inadaptation, de désajustement et de défaut d'intégration dans une société en pleine mutation[1] ». Une partie fragilisée de la population est alors de plus en plus représentative des nouvelles pauvretés.

Les nouveaux pauvres se caractérisent par des vulnérabilités multiples devant les mécanismes de l'exclusion, c'est-à-dire par « le cumul des précarités[2] » qui les contraint à faire face à la fois à des difficultés de

[1] GUESLIN, André, *Les Gens de rien*, Paris, Fayard, 2004, p. 19.
[2] *Ibid.*, p. 283.

revenu, à des difficultés d'insertion ou de réinsertion professionnelle, à des difficultés d'accès à la formation continue et à des difficultés de logement. Si leur nombre croît progressivement à partir du milieu des années 1970, il atteint des proportions jugées inquiétantes dans les années 1980. Cette évolution fait que les nouvelles pauvretés deviennent un enjeu politique. Les pouvoirs publics s'inquiètent d'abord des risques que cela présente pour la sécurité puisque les nouveaux pauvres peuvent facilement être tentés de participer à l'économie parallèle, comme cela se constate déjà dans les banlieues. Les inquiétudes sont aussi humanistes chez certains sociologues et certains économistes, qui commencent à se préoccuper gravement de la fracturation de la société et des risques de « fragilisation du pacte républicain[1] ».

De politiques, les préoccupations deviennent vite politiciennes. Lors de la campagne électorale qui précède son élection à la présidence de la République, François Mitterrand critique vivement la montée du chômage et le retour de la pauvreté, qu'il se permet de mettre au « passif » de Valéry Giscard d'Estaing. Sept ans plus tard, il est réélu en stigmatisant les privatisations et les économies budgétaires imposées par le gouvernement de la première cohabitation. Semblant avoir retenu la leçon, Jacques Chirac mènera une campagne électorale victorieuse sur le thème de la fracture sociale en 1995. Entretemps, l'abstentionnisme se banalise et l'électorat d'extrême droite s'élargit considérablement en faisant un amalgame entre chômage, insécurité et immigration.

S'il ne faut pas négliger l'influence des préoccupations sécuritaires, des valeurs humanistes et des intérêts électoraux, la mobilisation des partis et des responsables politiques s'explique aussi par la médiatisation dont bénéficie le *charity business*. Lorsqu'il annonce

---

[1] *Ibid.*, p. 177.

l'ouverture des premiers Restos du cœur en 1985, l'humoriste Michel Colucci ne manque pas de railler le manque de pragmatisme des pouvoirs publics. Dans les années qui suivent, des organisations comme ATD Quart Monde, Habitat & Humanisme et Droit au logement agissent de plus en plus comme des groupes de pression, faisant passer les institutions publiques pour inefficaces pendant que des cinéastes se préparent à sensibiliser l'opinion avec des films comme *Une Époque formidable*, *La Haine* et *Rosetta*, qui sortent respectivement en 1991, en 1995 et en 1999 pour dénoncer les souffrances provoquées par l'exclusion et par la ghettoïsation des banlieues.

L'action politique ne mérite pourtant pas d'être moquée. Après la création de la Sécurité sociale, des réformes sont engagées pour financer la construction d'habitations à loyer modéré. À partir de 1953, des bureaux d'aide sociale sont ouverts pour aider prioritairement les retraités les plus nécessiteux. En 1967, une ordonnance crée l'ANPE afin de faciliter la mise en relation des entreprises et des chômeurs. Huit ans plus tard, sont instituées des allocations pour les enfants et les adultes en situation de handicap. En 1986, les bureaux d'aide sociale sont réorganisés pour devenir les Centres communaux d'action sociale. Deux ans plus tard, le gouvernement fait voter le droit au RMI. En 1990, un ministère de la Ville est créé pour préparer des actions de réhabilitation des quartiers défavorisés. En 1993, un premier SAMU social est ouvert à Paris en ayant pour mission de venir en aide aux SDF. Par la suite, les services de l'État et des collectivités territoriales restent pleinement mobilisés face à la persistance des nouvelles pauvretés.

Les données statistiques établies dans les années 1980 sont assez cohérentes. Elles indiquent que la pauvreté touche au moins 10 % de la population française, mais près de 15 % des retraités. Dépendantes, mal logées, mal soignées, les personnes âgées représentent une part non négligeable des nouveaux pauvres aux côtés des délinquants, des immigrés, des demandeurs d'emploi de longue durée, des anciens détenus et des sans-abris. Les situations les plus critiques concernent souvent des « femmes âgées aux carrières incomplètes et aux retraites indécentes[1] ». Ces situations s'expliquent notamment par l'évolution des mentalités et des comportements. Dans une société devenue individualiste et hédoniste, « la misère du vieillissement[2] » est une charge que les familles assument avec de plus en plus de négligence et de réticence, comme le reconnaît le théologien Bernard Bro en affirmant avec résignation : « nous, enfants, sommes-nous si sûrs de ne pas être lassés trop vite qu'il ne le faudrait, de seulement avoir à nous occuper de nos parents devenus vieux[3]… »

Des « 110 propositions pour la France » à l'ordonnance du 26 mars 1982

Au début de l'année 1981, François Mitterrand lance sa campagne électorale en présentant « 110 propositions pour la France ». Visionnaires et légitimes pour certains, fantaisistes et dangereuses pour d'autres, ces propositions expriment, par leur diversité, l'ambition de rassembler l'ensemble de l'électorat de gauche. Présentées comme un « programme de gouvernement », elles annoncent notamment l'aspiration à un « nouvel ordre économique mondial », le lancement d'un « programme de grands travaux publics », la création d'un impôt sur les grandes fortunes, l'abrogation de la peine de mort, la

---

[1] DELAUNAY, Michèle, *Le Fabuleux Destin des baby-boomers*, Paris, Plon, 2019, p. 120.
[2] GUESLIN, André, *Les Gens de rien*, Paris, Fayard, 2004, p. 377.
[3] BRO, Bernard, *La Stupeur d'être*, Paris, Cerf, 1985, p. 259.

décentralisation des services de l'État, la « promotion des identités régionales » et « l'égalité des chances devant l'emploi ». Particulièrement intéressante, la proposition n° 82 promet que « le droit à la retraite à taux plein sera ouvert aux hommes à partir de 60 ans et aux femmes à partir de 55 ans ».

Depuis la création de la Cinquième République, aucun homme politique de gauche n'a pu gagner l'élection présidentielle. Le 10 mai 1981, François Mitterrand sort pourtant vainqueur aux dépens de Valéry Giscard d'Estaing. Après les défaites subies en 1965 puis en 1974, il permet à la France de vivre une alternance politique. Onze jours après l'annonce de sa victoire, il prend ses fonctions et demande à Pierre Mauroy de former un gouvernement. Il décide ensuite de dissoudre l'Assemblée nationale. À l'issue des élections législatives, le PS obtient deux cent quatre-vingt-cinq sièges et le PCF quarante-quatre sièges, ce qui donne à la gauche la majorité parlementaire dont elle a besoin pour engager les réformes qu'elle a promises.

Le 8 juillet 1981, Pierre Mauroy fait sa déclaration de politique générale à l'Assemblée nationale. Annonçant une « voie du renouveau » et « un nouvel élan », il s'engage à « changer la vie » en faisant de notre société « une France solidaire, soucieuse de créer pour tous les conditions de la justice sociale et de la dignité ». Afin de tenir cet engagement, le Premier ministre annonce notamment que « dans quelques semaines, le gouvernement déposera un projet de loi-cadre destiné à ramener à soixante ans l'âge d'ouverture des droits à la retraite ». Il précise que cet « abaissement de l'âge de la retraite » devra d'abord concerner « ceux qui ont derrière eux une vie de travail particulièrement longue et usante ».

Au sein du gouvernement, Nicole Questiaux, ministre de la Solidarité nationale, et Jean Auroux, ministre du

Travail, sont chargés de préparer un projet d'ordonnance. Ils consultent préalablement le comité interministériel de coordination en matière de Sécurité sociale puis le conseil d'administration de la CNAVTS. Après avoir été approuvé par le Conseil des ministres, le projet d'ordonnance est signé par François Mitterrand le 26 mars 1982.

Le rapport introductif de l'ordonnance n° 82-270 du 26 mars 1982 fait clairement allusion aux promesses électorales en affirmant que « l'abaissement à soixante ans de l'âge de la retraite est une aspiration sociale ancienne qui n'a pas reçu jusqu'à présent une réponse satisfaisante ». Parce que ses dispositions sont présentées comme « une étape significative de la politique de progrès social mise en place par le gouvernement », l'ordonnance doit s'appliquer non seulement aux salariés, mais aussi aux « agents non titulaires de l'État », à ceux des collectivités locales, des entreprises et établissements publics ainsi qu'aux « chômeurs de plus de soixante ans » dans l'attente d'une adaptation des règles de liquidation applicables par les différents régimes complémentaires.

L'ordonnance modifie plusieurs articles majeurs du Code de la Sécurité sociale. Elle dispose, en particulier, que « l'assurance vieillesse garantit une pension de retraite à l'assuré qui en demande la liquidation à partir de l'âge de soixante ans », mais il est précisé que, pour bénéficier d'une retraite à taux plein, il est requis d'avoir travaillé et cotisé pendant au moins cent cinquante trimestres, soit trente-sept ans et six mois. Si le nombre de trimestres effectivement travaillés est inférieur, l'assuré se voit appliquer une minoration dans le calcul de sa pension.

Le nombre de trimestres requis n'entraîne pas de minoration des pensions pour les salariés partant à la retraite en étant âgés d'au moins soixante-cinq ans, pour les salariés âgés reconnus inaptes au travail, pour les anciens déportés ou internés, pour les anciens prisonniers de guerre et pour les demandeurs d'emploi « âgés d'au moins soixante ans ». Contrairement à ce qui était annoncé par la quatre-vingt-deuxième des « 110 propositions pour la France », l'ordonnance ne prévoit pas que le droit à la retraite à taux plein soit accordé aux femmes atteignant l'âge de cinquante-cinq ans, mais des dispositions accommodantes concernent tout de même les mères de famille salariées « qui ont élevé au moins trois enfants » et « qui ont exercé un travail manuel ouvrier ».

Pour que l'ordonnance soit appliquée dans la concertation, le gouvernement décide de développer le dialogue avec les associations de retraités. À cet effet, le décret n° 82-697 du 4 août 1982 institue le CNRPA et lui donne pour mission de faciliter « la participation des retraités et des personnes âgées à l'élaboration et à la mise en œuvre de la politique de solidarité nationale les concernant ». Composé de représentants de l'Assemblée nationale, du Sénat, du Conseil d'État, de la Cour des comptes, des confédérations syndicales et des organisations patronales, le CNRPA peut être consulté « sur tout projet, programme ou étude intéressant les retraités et les personnes âgées », mais « il peut également examiner de sa propre initiative toute autre question relative à la politique sociale ou médico-sociale concernant les retraités et les personnes âgées ». Sur tout le territoire, le CNRPA est représenté par des comités départementaux.

Les principales dispositions de l'ordonnance du 26 mars 1982 prennent effet à partir du 1er avril 1983. Pour les institutions gestionnaires des régimes complémentaires, l'abaissement de l'âge de la retraite a des conséquences non négligeables. Ces institutions étant administrées paritairement, la signature de l'ordonnance est perçue comme un abus d'autorité du pouvoir exécutif et comme « un grave accroc[1] » dans les relations avec les partenaires sociaux. Les représentants du CNPF n'hésitent pas à faire connaître leur « franche hostilité[2] », pendant que de vives réserves s'expriment au sein des confédérations syndicales, notamment à FO et à la CFE-CGC. Pour apaiser la situation, il est demandé à Pierre Bérégovoy, ministre des Affaires sociales et de la Solidarité nationale, d'intervenir. Le ministre organise une rencontre le 28 octobre 1982. Après cette rencontre s'engage une négociation, qui se termine au début de l'année 1983. Les partenaires sociaux conviennent de maintenir l'âge de la retraite à soixante-cinq ans dans les régimes complémentaires. Pour tous les assurés arrêtant de travailler à soixante ans, des pensions sont versées de façon transitoire par une nouvelle Association pour la gestion de la structure financière jusqu'à ce que les retraités concernés atteignent l'âge de soixante-cinq ans. L'association est financée par des cotisations, par une contribution de l'État puis par des emprunts obligataires.

[1] CHARPENTIER, François, *Les Retraites complémentaires AGIRC-ARRCO*, Paris, Presses universitaires de France, 2016, p. 51.
[2] *Ibid.*, p. 52.

CHAPITRE V

LE « PAPY-BOOM » ET LES PREMIÈRES RÉFORMES PARAMÉTRIQUES

Dans la seconde moitié des années 1980, les mesures visant à retirer les salariés âgés du marché du travail montrent à la fois leurs limites, leurs effets pervers et leur inefficacité. Initialement envisagés « comme une réponse possible à la montée du chômage[1] », les conventions de préretraite, le régime de garantie de ressources, l'application de la « garantie démission » et l'abaissement de l'âge de la retraite à soixante ans ne font plus que faciliter les restructurations et aggraver la situation de l'emploi, en particulier parmi les jeunes. Elles influencent durablement la gestion des ressources humaines : dans les entreprises, les seniors deviennent les premières victimes du fait que « la mise à l'écart d'un salarié jugé comme trop

[1] CHARPENTIER, François, *Les Retraites complémentaires AGIRC-ARRCO*, Paris, Presses universitaires de France, 2016, p. 51.

lent ou moins investi est monnaie presque courante[1] ». Sans surprise, ces mesures finissent aussi par peser sur les comptes des régimes de retraite, qui ont de plus en plus de mal à verser des pensions à des retraités de plus en plus jeunes et de plus en plus nombreux. Cette situation légitime certains commentaires critiques, notamment ceux de l'économiste Jean-Olivier Hairault, qui affirme que « la retraite à soixante ans est d'autant plus dommageable qu'elle intervient à contretemps des gains très importants d'espérance de vie qui déstabilisent le système de retraite par répartition[2] ».

Les textes fondateurs de la Sécurité sociale prévoient que la revalorisation des pensions se fait en référence à des coefficients fixés par arrêté ministériel. Jusqu'au milieu des années 1980, les évolutions des pensions sont généralement supérieures à l'inflation. Après bien des atermoiements, il est finalement décidé que les modalités de revalorisation de ces pensions doivent être établies par la loi. Les difficultés de la CNAVTS contraignent le gouvernement à indexer les montants des pensions sur l'évolution du niveau général des prix. Cette indexation permet d'imposer une certaine discipline budgétaire tout en ayant le souci « de préserver la capacité de consommation des retraités[3] » à partir de 1987.

Un an plus tard, François Mitterrand est réélu à la présidence de la République. Son second septennat commence dans des circonstances très différentes de celles de l'année 1981. Les idéaux égalitaristes, keynésiens et tiers-mondistes qui avaient inspiré les « 110 propositions

---

[1] DELAUNAY, Michèle, *Le Fabuleux Destin des baby-boomers*, Paris, Plon, 2019, p. 243.

[2] HAIRAULT, Jean-Olivier, *Ce modèle social que le monde ne nous envie plus*, Paris, Albin Michel, 2015, p. 36.

[3] BRIDENNE, Isabelle, BROSSARD, Cécile, CHASLOT-ROBINET, Sylvie, Indexation des pensions du régime général, *Retraite et Société*, n° 56, janvier 2009, p. 249.

pour la France » laissent place à un réalisme gestionnaire. Qu'il s'agisse des investissements publics ou des dépenses sociales, la gauche doit se résoudre à une certaine rigueur, qui ne tarde pas à s'imposer jusque dans les comptes des régimes de retraite.

L'augmentation de la durée de cotisation au régime général

Durant la vingtaine d'années qui a suivi la Libération, la natalité a connu une forte augmentation, que les démographes ont appelée « baby-boom ». Quelques décennies plus tard, la masse des « baby-boomers » voit s'approcher l'âge du départ à la retraite, ce qui accroît considérablement les risques de déséquilibre budgétaire des différents régimes. Alors qu'elle continue à faire face aux importantes destructions d'emplois provoquées par la désindustrialisation, la société française doit donc se préparer à relever un autre défi : celui du vieillissement.

La France des « papy-boomers »

De la fin de la Seconde Guerre mondiale au début des années 1970, notre pays enregistre près de vingt-quatre millions de naissances, ce qui correspond à une moyenne de plus de huit cent mille naissances par an, le nombre le plus élevé étant atteint en 1964. Dans une conjoncture dynamisée par la reconstruction puis par l'avènement de la société de consommation, les enfants du baby-boom bénéficient progressivement de l'augmentation du niveau de l'instruction, de la distribution d'équipements électroménagers, du développement des loisirs et du tourisme, de la libération sexuelle, de la reconnaissance des droits des femmes, de la tertiarisation de l'activité économique, de la simplification des conditions de travail permise par le déploiement des outils informatiques, des progrès de l'hygiène et de la médecine, notamment dans les domaines de la gériatrie et de la chirurgie orthopédique.

Les évolutions économiques, technologiques, sociales et culturelles contribuent à améliorer les conditions d'existence et à allonger l'espérance de vie, qui passe de soixante-neuf ans à la fin des années 1950 à près de soixante-dix-sept ans en 1990. Couplé à la vague des naissances, le recul de la mortalité « bouleverse l'équilibre entre les générations et concerne tous les secteurs de la vie en société, des politiques de santé à l'économie, de la fiscalité à la retraite, de l'aménagement du territoire à la solidarité[1] ». Les mentalités évoluent et la fin de la carrière professionnelle cesse progressivement d'être vécue comme l'entrée dans le troisième âge pour devenir le début d'une nouvelle période de la vie « qui se compte en décennies et au pluriel[2] ». Ne se sentant « plus très jeunes, mais pas si vieux[3] », les retraités n'hésitent plus à se projeter dans l'avenir et à se consacrer à de multiples activités. Le basculement progressif dans une « société de la longévité[4] » a toutefois un coût. Il oblige à relever les défis que sont le rééquilibrage budgétaire des régimes de retraite et la prise en charge de la dépendance.

Dès 1980, un groupe de travail appelé « Prospective personnes âgées » au sein du Commissariat général du Plan rend public un rapport traitant des conséquences à venir du « papy-boom ». Ce groupe de travail analyse d'emblée que « la France a peur de vieillir », que cela

---

[1] DELAUNAY, Michèle, *Le Fabuleux Destin des baby-boomers*, Paris, Plon, 2019, p. 68.
[2] *Ibid.*, p. 76.
[3] *Ibid.*, p. 261.
[4] *Ibid.*, p. 167.

« cache une peur de l'avenir[1] » et exprime un « pessimisme spectaculaire[2] ». Il constate que les personnes âgées d'au moins soixante ans représentent déjà 17 % de la population, que ces personnes souffrent de conditions de vie précaires et d'inégalités sociales illustrées par le fait « que la durée de la retraite diffère fortement d'une catégorie socioprofessionnelle à l'autre[3] ». Le rapport critique tout particulièrement la baisse du taux d'emploi et les stratégies des entreprises, qui font « bien peu de cas de la ressource humaine que constituent les générations avancées[4] ». Il souligne que les conventions de préretraite et le régime de garantie de ressources sont finalement assimilables à « une relative ségrégation[5] » et à une « privation du droit à l'emploi[6] » parce qu'ils « condamnent à l'oisiveté des salariés en pleine possession de leurs moyens physiques et intellectuels[7] ». Le rapport ajoute que ces mesures ont des effets budgétaires très néfastes, qui expliquent que « la crise des régimes de retraite est déjà là[8] ». Le groupe de travail anticipe « quasi inéluctablement[9] » une forte hausse des dépenses publiques à consacrer aux retraités en signalant le nombre insuffisant des structures d'accueil, le manque de coordination des professions médicales et paramédicales avec les services sociaux, les lacunes des programmes de recherche gérontologique et de prévention sanitaire, le retard pris dans le déploiement des services

---

[1] Commissariat général du Plan, *Vieillir demain*, Paris, La Documentation française, 1980, p. 12.
[2] *Ibid.*, p. 171.
[3] *Ibid.*, p. 43.
[4] *Ibid.*, p. 88.
[5] *Ibid.*, p. 90.
[6] *Ibid.*, p. 137.
[7] *Ibid.*, p. 64.
[8] *Ibid.*, p. 116.
[9] *Ibid.*, p. 135.

d'aide à domicile, le besoin criant d'investir dans l'habitat et les transports pour éviter « le dépérissement des zones rurales[1] ».

Dans ses conclusions, le rapport recommande vivement de renoncer aux mesures de facilitation des départs en retraite et, *a contrario*, de « réhabiliter le droit au travail des travailleurs âgés[2] » en demandant « que le droit à prendre sa retraite cesse de se transformer, comme trop souvent aujourd'hui, en obligation de partir[3] ». Ses recommandations ne sont malheureusement guère prises en compte et n'empêchent pas la signature de l'ordonnance du 26 mars 1982, qui abaisse l'âge de la retraite à soixante ans. Quelques années plus tard, les conséquences budgétaires de cette ordonnance sont telles que la préparation d'une réforme devient inévitable. De toute évidence, le groupe de travail « Prospective personnes âgées » avait vu juste.

Le Livre blanc sur les retraites

Militant socialiste dès l'âge de dix-neuf ans, diplômé de l'IEP de Paris et ancien élève de l'ENA, Michel Rocard est connu pour incarner une *deuxième gauche*, qui se veut à la fois réformiste et capable de composer avec certaines exigences de l'économie de marché. Maire de Conflans-Sainte-Honorine puis député des Yvelines, il exerce plusieurs fonctions ministérielles à partir de 1981. Le 10 mai 1988, François Mitterrand le nomme Premier ministre. Michel Rocard forme alors une équipe gouvernementale ouverte à des représentants des partis centristes et de la société civile. En vue d'une réforme des retraites, la réalisation d'un travail technique

---

[1] *Ibid.*, p. 146.
[2] *Ibid.*, p. 198.
[3] *Ibid.*, p. 197.

interministériel est confiée au Commissariat général du Plan.

Le travail technique aboutit à la remise d'un *Livre blanc* le 15 avril 1991. Dans la préface, le Premier ministre reconnaît que « l'enjeu est considérable » et que « maintenir l'acquis au profit des générations futures dépend, au-delà de la démographie et de l'économie, de notre capacité à actualiser le pacte de solidarité qui lie les générations entre elles[1] ». Il ajoute que « sans une réforme, sans de nouveaux efforts, il n'y aura pas d'avenir pleinement assuré de notre système de répartition » puisque « le vieillissement de la population est inéluctable[2] ». Préalablement à cette réforme, il demande aux partenaires sociaux de se montrer pragmatiques et « de mettre en face de chacune de leurs propositions un chiffrage, un calendrier d'application, un mode de financement[3] ».

Le Commissariat général du Plan reconnaît d'emblée que toute ambition réformatrice se heurte inévitablement à la complexité du système, qui compte « près d'une centaine de régimes de retraite principaux[4] ». Compte tenu de l'histoire sociale de notre pays, « la généralisation de l'assurance vieillesse obligatoire s'est en effet réalisée de manière très progressive et dans le respect des particularismes professionnels au point que la diversité des régimes reste aujourd'hui le trait dominant de notre système de retraites[5] ». Cette complexité explique des différences d'effort contributif et des disparités de niveau de vie parmi les retraités.

---

[1] Commissariat général du Plan, *Livre blanc sur les retraites*, Paris, La Documentation française, 1991, p. 9.

[2] *Ibid.*, p. 12.

[3] *Ibid.*, p. 11.

[4] *Ibid.*, p. 29.

[5] *Ibid.*, p. 23.

À la complexité du système et à l'hétérogénéité des régimes s'ajoute le fait que les sources de financement se tarissent. Jusqu'au début des années 1970, le rythme de la croissance économique, l'augmentation de la population active occupée et les gains de pouvoir d'achat permettent d'assumer l'augmentation de l'espérance de vie et le poids des prélèvements qui financent la protection sociale contre les risques liés à la vieillesse. Par la suite, la croissance du pouvoir d'achat et celle du nombre de cotisants ralentissent « alors qu'au même moment, les régimes de retraite arrivent à maturité et doivent honorer les droits de retraités de plus en plus nombreux[1] ». La situation devient d'autant plus critique que les mises en application des conventions de préretraite, du régime de garantie de ressources, de la « garantie démission » puis de l'ordonnance du 26 mars 1982 ont fait baisser l'âge de cessation de l'activité professionnelle, tandis que le niveau de vie moyen des retraités a progressivement rejoint celui des actifs.

Malgré une évolution favorable du taux d'activité des femmes, des flux migratoires et de la productivité du travail, le Commissariat général du Plan redoute un « choc démographique à partir de 2005[2] ». Le tassement de la fécondité, l'évolution du chômage, « l'entrée en inactivité des générations nombreuses du baby-boom[3] » et l'allongement de l'espérance de vie accroissent inexorablement le poids de « la charge des inactifs[4] » à faire porter aux salariés et aux employeurs. Les auteurs du *Livre blanc* admettent qu'à législation inchangée, « l'ampleur des marges de manœuvre financières dont les régimes de retraite sont susceptibles de bénéficier du fait

---

[1] *Ibid.*, p. 46.
[2] *Ibid.*, p. 77.
[3] *Ibid.*, p. 96.
[4] *Ibid.*, p. 84.

des évolutions économiques restera donc en toute hypothèse limitée[1] ». Ils ajoutent que, compte tenu de ces perspectives, « ne rien faire aujourd'hui, c'est prendre le risque à terme d'un éclatement du système, d'une rupture des solidarités essentielles[2] ».

En se référant aux réformes engagées dans certains pays étrangers, le Commissariat général du Plan recommande de préserver le principe de la répartition, mais aussi d'uniformiser les pratiques des différents régimes en imposant un unique premier niveau de prestation appelé « pension universelle ». Il suggère de modifier les modalités de comptabilisation des droits en n'ayant plus que des « régimes en points[3] ». Sans remettre en cause le droit de partir à la retraite à soixante ans, il propose de passer progressivement de trente-sept ans et six mois à quarante-deux ans la durée de cotisation requise pour bénéficier d'une retraite à taux plein. Le Commissariat général du Plan évoque *in fino* la nécessité de constituer des fonds d'épargne collective et des réserves financières au sein des différents régimes.

Des difficultés relationnelles récurrentes avec le président de la République contraignent Michel Rocard à démissionner le 15 mai 1991. Cette démission provoque un important remaniement et une innovation politique heureuse puisque, pour la première fois depuis la création de la Cinquième République, une femme est nommée Premier ministre. À la tête du nouveau gouvernement, Édith Cresson entend traiter en priorité les questions liées à l'emploi et à la compétitivité de l'industrie. Les recommandations faites dans le *Livre blanc* sont laissées sans suite jusqu'au milieu de l'année 1993.

---

[1] *Ibid.*, p. 93.
[2] *Ibid.*, p. 129.
[3] *Ibid.*, p. 135.

La « réforme Balladur » du 22 juillet 1993

Le 10 février 1993, le CNPF, la CGPME, l'UPA, la CFDT, la CFTC, FO et la CFE-CGC signent un accord pour redéfinir les conditions de financement des régimes affiliés à l'ARRCO en exprimant une « volonté toujours réaffirmée d'assumer leurs responsabilités dans la gestion paritaire des régimes de retraite ». Applicable « pour la période du 1er janvier 1993 au 31 décembre 1999 », l'accord prévoit une augmentation des taux de cotisation de 0,5 point chaque année, à partir de 1996. En complément, les partenaires sociaux s'engagent à réduire les frais de gestion et à traiter « les problèmes d'harmonisation entre les régimes qui pourraient encore se poser ».

Un mois plus tard, la coalition « Union pour la France » formée par le RPR et l'UDF remporte les élections législatives. À la présidence de la République, François Mitterrand est contraint à une nouvelle cohabitation. Le 29 mars 1993, il demande à Édouard Balladur de former un gouvernement.

Dans le discours de politique générale qu'il fait à l'Assemblée nationale, Édouard Balladur fait part de sa volonté de donner « un élan nouveau » et « d'apporter à notre société les réformes qui lui assureront à la fois le progrès, l'équilibre et la justice ». En constatant que « la France doit faire face à une situation économique et sociale plus grave qu'aucune de celles qu'elle a connues depuis une quarantaine d'années », le nouveau Premier ministre critique sans détour la politique menée par la gauche en faisant allusion aux « erreurs graves du début des années 1980 » qui ont été « marquées par la volonté d'assurer le progrès social sans chercher à lui donner une base économique réelle ». S'estimant déterminé et pragmatique, Édouard Balladur annonce ses intentions de

« créer un nouvel exemple français de société », « de garantir les solidarités essentielles », « de sauver nos régimes sociaux de la crise financière dans laquelle ils s'enfoncent » et d'assurer aux personnes âgées « une vieillesse digne ».

Après la redéfinition des conditions de financement des régimes affiliés à l'ARRCO par l'accord du 10 février 1993, une réforme s'impose. Peu après leurs prises de fonctions, plusieurs membres du gouvernement préparent un projet de loi en reprenant certaines des analyses et des recommandations faites par le *Livre blanc*. Simone Veil, ministre d'État en charge des Affaires sociales, de la Santé et de la Ville, est tout particulièrement concernée. Elle travaille en étroite collaboration avec les cabinets d'Edmond Alphandéry, ministre de l'Économie, et de Nicolas Sarkozy, ministre du Budget. Après avoir été adopté par le Conseil des ministres, le projet est communiqué à l'Assemblée nationale et au Sénat. À l'issue des débats parlementaires, la promulgation intervient le 22 juillet 1993.

En application de la loi du 30 juin 1956, le Fonds national de solidarité a été créé pour améliorer la protection sociale des personnes âgées, mais les premières dispositions de la loi n° 93-936 du 22 juillet 1993 prévoient de le remplacer par un Fonds de solidarité vieillesse. Deux missions sont confiées au nouveau fonds : d'une part, « prendre en charge les avantages d'assurance vieillesse à caractère non contributif relevant de la solidarité nationale » et, d'autre part, « assurer le remboursement échelonné à l'État, en capital et en intérêts » des avances budgétaires accordées à l'ACOSS. La prise en charge des « avantages d'assurance vieillesse à caractère non contributif » implique que le fonds finance le minimum vieillesse, les majorations des pensions accordées en fonction du nombre d'enfants ou pour conjoint à charge, les sommes correspondant à la prise en compte des périodes de service national, de longue maladie ou d'invalidité. La prise en charge du « remboursement échelonné à l'État » signifie que les organismes de Sécurité sociale restent redevables des aides publiques qu'ils perçoivent. Pour que le nouveau fonds ait les moyens de mener à bien ses missions, « une fraction du produit des contributions sociales » lui est affectée. Cette fraction est fixée à 1,3 % de l'assiette des contributions. Si toutefois il est constaté que les recettes sont insuffisantes, le gouvernement soumet aux députés et aux sénateurs des propositions « pour assurer l'équilibre financier du fonds ». Il est précisé que « les frais de gestion administrative du fonds sont à la charge de l'État ».

En complément, la loi comprend plusieurs dispositions destinées à préserver le pouvoir d'achat des retraités. À cet effet, il est prévu qu'une fois par an, des arrêtés ministériels déterminent les « coefficients de majoration et de revalorisation » applicables au calcul des pensions en tenant compte de l'inflation. Les arrêtés ministériels ne peuvent être pris qu'après la consultation du conseil d'administration de la CNAVTS. Il est précisé, par décret, que les coefficients « sont fixés au 1er janvier de chaque année » et « établis à partir du taux prévisionnel d'évolution en moyenne annuelle des prix à la consommation de tous les ménages, hors les prix du tabac », ce taux prévisionnel étant calculé par l'INSEE.

La loi ne remet pas ouvertement en question le droit à la retraite à soixante ans, mais des dispositions très significatives sont prises par le décret n° 93-1022 du 27 août 1993. En modifiant plusieurs articles du Code de la Sécurité sociale et du Code rural, ce décret redéfinit deux des plus importantes modalités de calcul des pensions : la durée d'assurance et le salaire moyen de référence. Il est *de facto* requis des salariés cotisant à la CNAVTS et à la MSA d'avoir travaillé au moins cent soixante trimestres, donc au moins quarante ans avant de prétendre à une retraite à taux plein à partir du 1er janvier 2003. Un nombre de trimestres inférieur est accepté pour les personnes nées avant l'année 1943. Le salaire de référence utilisé pour le calcul de la pension est désormais « le salaire annuel moyen correspondant aux cotisations versées au cours des vingt-cinq années civiles » travaillées avant la liquidation de la retraite. Des dispositions plus avantageuses sont accordées aux personnes nées avant 1948.

La « loi Madelin » et les retraites des travailleurs non-salariés

Né à Paris en 1946, Alain Madelin obtient une licence en droit en 1971. Il commence une carrière d'avocat, mais s'en détourne vite pour entrer en politique. Il est élu député d'Ille-et-Vilaine et vice-président du Conseil régional de Bretagne en 1978. Sept ans plus tard, il est nommé délégué général du Parti républicain. Connu pour ses convictions anticommunistes, il tient un discours ultralibéral. Entre 1986 et 1988, il vit une première expérience gouvernementale comme ministre de l'Industrie, des Postes et Télécommunications et du Tourisme. Après l'arrivée d'Édouard Balladur à l'hôtel Matignon, il est nommé ministre des Entreprises et du Développement économique. Il travaille alors sur un projet de loi destiné à simplifier la gestion administrative des PME et des TPE. Après avoir été adopté en Conseil des ministres, le texte est transmis aux parlementaires. À l'Assemblée nationale, le député Yvon Jacob présente le rapport de la commission de la production. Au Sénat, Jean-Jacques Robert présente les travaux de la commission des affaires économiques. À l'issue des débats, la « loi Madelin » est promulguée.

Les principales dispositions de la loi n° 94-126 du 11 février 1994 visent à alléger les formalités administratives et comptables liées à la création, à la modification et à la cessation des activités des entreprises. Des modifications importantes sont apportées au Code de commerce, au Code civil, au Code général des impôts et au Code de la Sécurité sociale pour simplifier les relations « entre, d'une part, les entreprises et, d'autre part, les administrations de l'État, les établissements publics de l'État à caractère administratif, les collectivités locales, leurs groupements et leurs établissements publics ».

Depuis la promulgation de la loi du 17 janvier 1948, les travailleurs dits « non-salariés non agricoles » bénéficient de régimes autonomes affiliés à l'ORGANIC, à la CANCAVA ou à la CNAVPL. L'article 41 de la loi du 11 février 1994 leur donne aussi la possibilité de souscrire des contrats de retraite par capitalisation. En modifiant le Code des assurances et le Code de la mutualité, cet article autorise effectivement la conclusion de contrats d'assurance « en vue du versement de prestations de prévoyance complémentaire, d'indemnité en cas de perte d'emploi subie ou d'une retraite complémentaire garantissant un revenu viager » aux « personnes qui exercent une activité non salariée non agricole ». Il est ajouté que « les prestations servies au titre de ces contrats peuvent prendre la forme soit de prestations en nature, de versements de revenus de remplacement ou de rentes ». La loi donne donc aux professionnels libéraux, aux entrepreneurs, aux artisans et à leurs conjoints collaborateurs la possibilité de se constituer un capital en prévision de la retraite. Les montants des cotisations, les délais et les modalités de versement du capital doivent être précisés par le contrat d'assurance.

Le COR

Jacques Chirac est élu à la présidence de la République le 7 mai 1995. Moins d'un an plus tard, les partenaires sociaux s'entendent pour augmenter les taux de cotisation des cadres « à compter du 1er janvier 1997 ». Signé le 25 avril 1996, leur accord stipule également que « la valeur annuelle du point du régime des cadres est augmentée de 1,5 % à compter du 1er janvier 1996 ». Par ailleurs, les signataires s'engagent à réduire les frais de gestion de l'AGIRC comme cela a été prévu, trois ans auparavant, pour les régimes affiliés à l'ARRCO.

Le 20 avril 1997, Jacques Chirac annonce sa décision de dissoudre l'Assemblée nationale. Le décret de dissolution est publié le lendemain. Contre toute attente, les élections législatives qui s'ensuivent voient la victoire des partis de l'opposition, rassemblés dans la coalition dite de la « gauche plurielle ». Contraint à cinq années de cohabitation, Jacques Chirac fait appel à Lionel Jospin pour former le gouvernement.

La situation financière de la plupart des régimes de retraite continue de se dégrader. Face à cette situation, le nouveau Premier ministre se montre prudent et réservé. Avant de préparer une réforme, il demande une analyse complète de la situation. C'est pour satisfaire cette demande qu'il prend l'initiative de créer le COR. Un décret du 10 mai 2000 précise les missions en disposant que le COR est chargé de « décrire la situation actuelle et les perspectives des différents régimes de retraite », « d'apprécier les conditions requises pour assurer la viabilité financière à terme de ces régimes » et « de veiller à la cohésion du système de retraite par répartition, en assurant la solidarité entre les régimes et le respect de l'équité, tant entre les retraités qu'entre les différentes générations ».

Rattaché directement au Premier ministre, le COR est dirigé par un président, assisté par un secrétaire général. Il est composé de trente-deux membres, dont seize représentants désignés par la CGT, la CFDT, la CFTC, FO, la CFE-CGC, la FSU, l'UNSA, le MEDEF, la CGPME, l'UPA, l'UNAPL et la FNSEA. Les autres membres sont désignés parmi les députés, les sénateurs, les membres du Commissariat général du Plan, les plus hauts responsables de l'UNAF, du CNRPA, de la direction du Budget, de la Sécurité sociale, de la direction générale de l'Administration et de la Fonction publique. Le décret précise que les membres sont « nommés pour une durée de quatre ans ».

Pour que le COR puisse mener à bien ses missions, « les administrations de l'État et les établissements publics de l'État » sont tenus de lui communiquer « les éléments d'information et les études dont ils disposent et qui apparaissent nécessaires ». Le COR rend compte de ses activités en rédigeant, « au moins tous les deux ans », un rapport « analysant la situation des régimes de retraite et proposant les mesures jugées nécessaires pour assurer leur équilibre à long terme ». Chaque rapport est communiqué à l'Assemblée nationale et au Sénat avant d'être rendu public.

Le Fonds de réserve pour les retraites

En plus de la mise en place du COR, Lionel Jospin mobilise des experts pour conseiller le gouvernement sur les prochaines réformes à envisager. À cet effet, il demande à Jean-Michel Charpin, commissaire général du Plan, de former une commission de concertation et de rédiger un rapport. Dans une lettre du 29 mai 1998, le

Premier ministre signifie qu'il est « du devoir du gouvernement d'attirer l'attention des partenaires sociaux et de l'ensemble des citoyens », de « préparer les adaptations nécessaires de nos systèmes de retraite » et de « rechercher l'équité entre retraités ».

Le rapport de la « commission Charpin »

Entre le mois d'octobre 1998 et le mois de mars 1999, la commission de concertation se réunit à onze reprises avant de rédiger puis de remettre un rapport au Premier ministre. Ce rapport reconnaît que « depuis 1945, la pauvreté a fortement régressé parmi les retraités », que « le niveau de vie des retraités est aujourd'hui comparable à celui des actifs » et que « la situation des retraités en France apparaît favorable[1] » en comparaison de ce qui est observé dans les autres pays occidentaux. Il est toutefois déploré que la création de la Sécurité sociale n'ait pas empêché la persistance de régimes autonomes et spéciaux, qui imposent une grande hétérogénéité. Même si elle constate quelques efforts permettant des harmonisations et des alignements progressifs sur le régime général, la commission souligne que les modalités de départ en retraite et de calcul des pensions sont inégalitaires et que « des durées de service effectif insuffisantes[2] » posent tout particulièrement question dans les régimes des industries électriques et gazières, de la RATP et de la SNCF.

Comme les auteurs du *Livre blanc* huit ans auparavant, la commission ne manque pas d'expliquer que, depuis le début des années 1970, la création de dispositifs de cessation anticipée d'activité et l'abaissement de l'âge de la retraite ont provoqué une forte baisse du taux d'emploi

---

[1] Commissariat général du Plan, *L'Avenir de nos retraites : rapport au Premier ministre*, Paris, La Documentation française, 1999, p. 12.
[2] *Ibid.*, p. 77.

des seniors. Le rapport mentionne ainsi que « le déroulement de la fin de la vie active s'est profondément modifié » et « qu'un nombre croissant de salariés connaissent une période de chômage en fin de carrière[1] », en particulier parmi les ouvriers. Il ajoute que cela « a contribué à infléchir les modes de gestion de l'emploi » dans les entreprises, qui trouvent dans les dispositifs de cessation anticipée d'activité une aubaine « pour alléger leur masse salariale et rajeunir leur pyramide des âges[2] ».

La commission poursuit son analyse en soulignant que le raccourcissement de la vie professionnelle tend à déséquilibrer les budgets des régimes de retraite d'autant plus dramatiquement que le pays s'apprête à faire face « à une accélération marquée du vieillissement de la population[3] ». L'arrivée à l'âge de la retraite des « papy-boomers », l'allongement de l'espérance de vie, la diminution progressive de la population active et le recul de l'âge moyen d'entrée dans le monde du travail font qu'avant la fin de la première moitié du vingt-et-unième siècle, « un Français sur trois aura plus de 60 ans[4] » et que « le choc financier sur notre système de retraite est inéluctable[5] ».

En prenant exemple sur des réformes engagées en Allemagne, en Italie, en Suède, en Grande-Bretagne, aux États-Unis, au Canada et en se référant à des travaux du SESI du ministère de l'Emploi et de la Solidarité, le rapport exclue d'augmenter les cotisations et les charges parce que cela pénaliserait la compétitivité et la croissance. Il suggère, en revanche, de se référer dorénavant au nombre de trimestres cotisés plutôt qu'à

---

[1] *Ibid.*, p. 22.
[2] *Ibid.*, p. 24.
[3] *Ibid.*, p. 27.
[4] *Ibid.*, p. 29.
[5] *Ibid.*, p. 32.

l'âge. En l'occurrence, il s'agit de requérir, à terme, cent soixante-dix trimestres de cotisation avant d'accorder le droit à une retraite à taux plein. Cette proposition impose *grosso modo* de remonter progressivement l'âge de départ à la retraite jusqu'à soixante-quatre ans, en appliquant un abattement au calcul de la pension en cas de départ anticipé. Des bonifications pourraient *a contrario* être accordées dès lors qu'un salarié a exercé des métiers d'une dangerosité ou d'une pénibilité particulière. De surcroît, le rapport considère comme « normal que la durée de cotisation nécessaire pour avoir le taux plein soit la même pour tous les régimes[1] », les propositions devant donc concerner indifféremment toutes les professions et tous les secteurs d'activité.

En complément, la commission propose la mise en place d'un fonds de réserves pour aider les régimes à faire face aux conséquences budgétaires des départs en retraite des « papy-boomers ». Les missions ne sont pas définies avec précision mais, pour alimenter ce fonds, il est suggéré de soumettre aux cotisations sociales des revenus qui en sont encore exonérés, notamment les primes d'intéressement et de participation, les indemnités de licenciement ou de mise à la retraite, les stock-options et les indemnités journalières de Sécurité sociale.

Dans ses conclusions, le rapport invite le gouvernement à ne pas décider dans la précipitation, mais à agir « sur la base d'une concertation approfondie[2] » en étant prêt à aller jusqu'à un débat national. La nécessité d'une concertation et d'un débat est d'autant plus avérée que les propositions de la commission sont diversement accueillies. À l'exception de la CGT, l'ensemble des organisations professionnelles et des confédérations syndicales s'accorde sur la nécessité d'harmoniser les régimes en

[1] *Ibid.*, p. 97.
[2] *Ibid.*, p. 113.

commençant par remettre en question les avantages dont bénéficient les retraités des régimes spéciaux. L'ORGANIC considère ainsi que « les avantages spécifiques octroyés aux régimes spéciaux notamment appellent une réforme en profondeur, allant dans le sens d'un rapprochement progressif des règles de détermination de la retraite[1] ». La CFTC ajoute que « l'harmonisation des régimes statutaires ou spéciaux peut être négociée et conduite de manière très progressive[2] ».

La loi du 17 juillet 2001

Après la remise du rapport, une réforme est préparée. Élisabeth Guigou, ministre de l'Emploi et de la Solidarité, y travaille avec Laurent Fabius, ministre de l'Économie, des Finances et de l'Industrie. Parmi les propositions faites, le gouvernement retient tout particulièrement celle qui vise à mettre en place un fonds de réserve. Après avoir été adopté en Conseil des ministres, un projet de loi est transmis aux parlementaires. À l'Assemblée nationale, le député socialiste Alfred Recours présente le rapport de la commission des affaires culturelles. Au Sénat, Louis Souvet, Alain Vasselle, André Jourdain et Jean-Louis Lorrain rendent compte du rapport de la commission des affaires sociales. Après la constitution d'une commission mixte paritaire, la loi n° 2001-624 est promulguée le 17 juillet 2001. Cette loi comprend des dispositions très diverses sur l'indemnisation du chômage, les aides au retour à l'emploi, le Code de la mutualité et l'éducation populaire, mais son article 6 traite spécifiquement du Fonds de réserve pour les retraites.

La loi crée effectivement un établissement public « à caractère administratif, dénommé Fonds de réserve pour

[1] *Ibid.*, p. 140.
[2] *Ibid.*, p. 148.

les retraites, placé sous la tutelle de l'État ». Ce nouveau fonds « a pour mission de gérer les sommes qui lui sont affectées afin de constituer des réserves destinées à contribuer à la pérennité des régimes de retraite ». Pour mener à bien sa mission, le fonds perçoit une partie des charges patronales, en particulier le « produit de la contribution sociale de solidarité ». Il peut également percevoir des versements du Fonds de solidarité vieillesse, qui a été créé en 1993.

Le Fonds de réserve pour les retraites « est doté d'un conseil de surveillance et d'un directoire ». Le conseil de surveillance « fixe les orientations générales de la politique de placement des actifs du fonds ». Il est composé de députés, de sénateurs, de représentants des confédérations syndicales, des organisations patronales et de l'État. Le directoire assure la gestion du fonds. Il compte trois membres, parmi lesquels le directeur général de la Caisse des dépôts et consignations exerce la présidence. Le directoire rend compte de ses activités au conseil de surveillance. Le fonds est soumis au contrôle de la Cour des comptes, de l'Inspection générale des finances et de l'IGAS.

CHAPITRE VI

LES RÉFORMES DES RETRAITES DE LA FONCTION PUBLIQUE ET DES RÉGIMES SPÉCIAUX

Quelques années seulement après la signature de l'ordonnance du 26 mars 1982, le coût de la retraite à soixante ans n'est déjà plus tenable. La remise du *Livre blanc sur les retraites* à Michel Rocard le 15 avril 1991 annonce clairement que l'augmentation de l'espérance de vie et le vieillissement des générations nées pendant le baby-boom rendent incontournable une révision des durées de cotisation. En conséquence, la « réforme Balladur » de 1993 impose quarante annuités aux salariés du secteur privé avant de pouvoir prétendre à une retraite à taux plein.

Le 15 novembre 1995, Alain Juppé annonce un plan de rigueur destiné à réduire les déficits de plusieurs branches de la Sécurité sociale. Son plan prévoit l'encadrement des dépenses de santé, la baisse du remboursement de certains médicaments, la régionalisation du système hospitalier, le gel des allocations familiales, mais aussi l'augmentation de la durée de cotisation aux régimes de retraite de la fonction publique et aux régimes spéciaux. Dans un souci à la fois d'économie et d'égalité, le Premier ministre entend imposer quarante années de cotisation à tous les travailleurs auxquels cette durée ne s'applique pas encore. Une semaine plus tard, les fédérations des syndicats de fonctionnaires appellent à une grève générale pour le 10 octobre. À cette date, les manifestations réunissent près de quatre cent mille personnes, dont vingt-deux mille à Paris. Le 25 octobre, un mouvement intersyndical paralyse une partie du réseau de la SNCF. Le 30 octobre, la CGT, la CFTC, la CFDT, FO, la CFE-CGC, la FEN, la FSU et l'UNSA signent une déclaration commune sur l'avenir de la Sécurité sociale. Le 5 novembre, les universités de Rouen, de Metz, de Toulouse et d'Orléans sont en grève. Huit jours plus tard, le mouvement étudiant gagne les universités d'Aix-en-Provence, de Toulon, de Caen, de Saint-Étienne et de Marne-la-Vallée. Le 14 novembre, une journée d'action est organisée dans plusieurs grandes villes « pour la défense de la protection sociale[1] ». Le 21 novembre, des groupes d'étudiants manifestent dans toute la France et Louis Viannet, secrétaire général de la CGT, appelle « à prolonger la mobilisation[2] ». Trois jours plus tard, une nouvelle journée d'action mobilise plus de cinq cent mille manifestants, les fédérations de fonctionnaires étant rejointes par des étudiants et des salariés du secteur privé. Les 28 et 30 novembre, d'autres journées d'action sont organisées avec le renfort d'agents de la Poste, de France Télécom, d'EDF et de GDF. Le 5 décembre, les manifestations mobilisent près de huit cent mille personnes. Le 7 décembre, elles en rassemblent

---

[1] BÉROUD, Sophie, Chronologie du mouvement social de l'automne 1995, *Cahiers du GEDISST*, n° 18, avril 1997, p. 123.
[2] *Ibid.*, p. 124.

un million, tandis que des grèves commencent à toucher les compagnies Air Inter et Air France. Le 11 décembre, le nombre de manifestants approche les deux millions. Quatre jours plus tard, le gouvernement renonce à augmenter la durée de cotisation aux régimes de retraite de la fonction publique et aux régimes spéciaux.

L'allongement de la durée de cotisation dans la fonction publique

Les réformes mises en œuvre dans les années 1990 marquent la fin d'une sorte d'*âge d'or* des retraites. À contrecœur, les Français commencent à comprendre qu'il va leur falloir travailler plus longtemps, donc partir à la retraite plus tard. La réforme de 1993 n'ayant augmenté la durée de cotisation que pour les salariés du secteur privé, des adaptations semblent inévitables pour les bénéficiaires des régimes de la fonction publique et des régimes spéciaux, mais le retrait du « plan Juppé » révèle la grande difficulté à imposer ces adaptations.

Les leçons de l'échec du « plan Juppé »

Les chocs pétroliers des années 1970 puis les bouleversements géopolitiques de la fin des années 1980 provoquent un ralentissement de la croissance et la fin du plein emploi. Ces évolutions marquent l'entrée progressive dans un nouveau modèle de société, modèle dans lequel les carrières professionnelles sont marquées par de multiples aléas, ce qui s'avère particulièrement fragilisant pour les salariés à bas niveau de qualification. Lorsqu'Alain Juppé annonce son plan de rigueur, cela fait déjà une vingtaine d'années qu'une proportion croissante des Français subit la précarisation des emplois, le chômage de masse, le déploiement de pratiques managériales justifiant les restructurations et toutes sortes d'autres mesures de réduction des coûts. Qu'ils soient salariés ou fonctionnaires, les travailleurs ne sont plus perçus comme des ressources, mais comme des charges. Si les organisations patronales ne ratent jamais une occasion de critiquer le coût du travail, le président de la République en vient lui-même à demander le gel des indices de la fonction publique en expliquant que « s'agissant des fonctionnaires, la feuille de paye, c'est aussi la feuille d'impôts[1] ». Quelques mois avant cette déclaration, Jacques Chirac a remporté l'élection présidentielle après avoir fait campagne sur le thème de la fracture sociale, que ses conseillers ont emprunté au sociologue Emmanuel Todd. Le contraste entre les intentions exprimées durant la campagne et les mesures du « plan Juppé » explique en grande partie l'incompréhension qui a entraîné les événements de l'hiver 1995.

Ces événements ont toutefois des causes plus profondes. Depuis le milieu des années 1980, les langages politiques et managériaux insistent sur la nécessité de savoir se remettre en question pour s'adapter en permanence aux exigences de la mondialisation. Inspirés par des doctrines ultralibérales, ces langages provoquent, chez beaucoup de Français, une perte de repères socioculturels, un sentiment d'insécurité professionnelle, mais aussi la perception d'un certain mépris de la part des élites politiques et intellectuelles. Cette perception explique les premières réactions : dès l'annonce de son plan, Alain Juppé devient l'archétype d'une caste arrogante et donneuse de leçons. Sentant ses acquis sociaux et ses services publics attaqués, une partie de la population se mobilise à la fois par réflexe et par fierté.

---

[1] VACQUIN, Henri, MINVIELLE, Yvon, *Le Sens d'une colère*, Paris, Stock, 1996, p. 50.

Les experts Henri Vacquin et Yvon Minvielle observent ainsi que des incompréhensions mutuelles sont immédiatement évidentes puisque « le politique parlait procédures et moyens » alors que « la majorité de l'opinion renvoyait des éléments de réponse et des prises de position qui se disaient en termes de fins, en termes de valeurs, de souci de soi, de respect des autres, de vie collective, de vie meilleure, de santé, d'emploi, de quotidienneté[1] ».

Mêlant des agents des services publics, des étudiants et quelques délégations de salariés du secteur privé, les événements de l'hiver 1995 représentent la plus importante mobilisation depuis 1968. Ils signifient une crise sociale, à laquelle se greffent une crise du salariat, une crise du secteur public, une crise universitaire puis une crise politique. L'enchaînement des faits et des prises de parole révèle que, par leurs déterminations respectives, membres du gouvernement et manifestants ont vite été irréconciliables. Cela a inexorablement poussé les opposants au « plan Juppé » à constituer ce que les médias ont fini par appeler « le front du refus[2] ». Comme il n'a paru possible de dialoguer à aucun moment, le retrait du plan s'avère être bien plus qu'un échec politique parce qu'il met en évidence « une sorte de vide de la négociation[3] ».

L'incapacité du pouvoir exécutif à engager le dialogue a redonné une légitimité aux *corps intermédiaires*, en particulier aux syndicats. Si la CFDT s'est montrée hésitante et divisée sur la conduite à tenir, toutes les autres confédérations ont soutenu les manifestants. Malgré la diminution constante du nombre de leurs adhérents durant les dernières décennies, les organisations syndicales ont

---

[1] *Ibid.*, p. 175.
[2] *Ibid.*, p. 199.
[3] *Ibid.*, p. 197.

montré que leur capacité de mobilisation existait toujours et qu'elles pouvaient continuer à assumer efficacement un rôle de régulation des conflits. Il n'est donc guère étonnant que les manifestants aient exprimé au grand jour à la fois le souhait « d'être dirigé autrement[1] » et « un fort désir de syndicalisme[2] ». Qui plus est, l'ampleur de la mobilisation et la détermination des manifestants ont révélé une certaine radicalisation et « la poussée des syndicats gauchisants[3] » tout en mettant en évidence que le dialogue social était en train de se structurer autour des deux plus importantes confédérations : la CGT et la CFDT. Ces évolutions du paysage syndical ne vont pas être sans conséquence sur la préparation des projets suivants.

La « réforme Fillon » du 21 août 2003

Le 6 décembre 2001, le COR rend public son premier rapport. Comme l'ont fait les auteurs du *Livre blanc* de 1991 et les membres de la « commission Charpin » en 1999, le COR rappelle les principales évolutions démographiques, sociales et économiques qui causent des déséquilibres budgétaires aux régimes de retraite. Il confirme ainsi que l'augmentation de l'espérance de vie, l'amélioration du montant moyen des pensions, la baisse des taux d'activité et d'emploi des seniors sont d'autant plus problématiques que les jeunes générations arrivent sur le marché du travail de plus en plus tardivement et dans des conditions de plus en plus souvent précaires. Par ailleurs, le COR constate « d'importantes distorsions entre les régimes[4] » en particulier en ce qui concerne les taux de

[1] *Ibid.*, p. 258.
[2] *Ibid.*, p. 217.
[3] *Ibid.*, p. 234.
[4] *Retraites : renouveler le contrat social entre les générations*, Paris, Conseil d'orientation des retraites, 2001, p. 266.

cotisation, les âges de cessation d'activité, les modalités de calcul des pensions, les majorations applicables et les règles de réversion. Ces disparités causent des problèmes budgétaires, qui sont corrigés par des transferts de compensation, mais cela n'empêche pas de se poser « la question du traitement équitable des assurés[1] ». Le rapport souligne que les disparités s'accroissent parce que les « réformes de grande ampleur[2] » n'ont encore concerné que le régime général et les régimes complémentaires des salariés du secteur privé alors que, dans d'autres régimes, les départs anticipés restent nombreux et les besoins de financement sont de plus en plus importants. En s'appuyant sur des exercices analytiques et des projections basées sur différentes hypothèses, le COR prévoit une dégradation particulièrement forte des comptes de la CNRACL et du régime de la fonction publique d'État. En conséquence, il invite à une plus grande « égalité entre cotisants » et « à une harmonisation progressive[3] » des règles applicables aux différents régimes en constatant que « le système de retraite a besoin d'une confiance renouvelée et d'un engagement commun de l'ensemble des partenaires intéressés, ceux du monde politique comme ceux du monde social[4] ». Dans ses conclusions, le rapport précise que « certains membres du Conseil estiment que l'alignement entre les salariés du secteur privé et les fonctionnaires doit se faire sur la durée de 40 annuités[5] ».

Malgré les recommandations du COR, le gouvernement n'engage aucune réforme : à moins de six mois du premier tour de l'élection présidentielle, Lionel Jospin ne veut pas

[1] *Ibid.*, p. 61.
[2] *Ibid.*, p. 71.
[3] *Ibid.*, p. 195.
[4] *Ibid.*, p. 190.
[5] *Ibid.*, p. 283.

prendre le risque de provoquer une agitation sociale. Sa prudence ne lui porte pas chance puisque, le 5 mai 2002, Jacques Chirac est réélu à la présidence de la République. Quelques jours après, Jean-Pierre Raffarin est nommé Premier ministre. Il est confirmé dans ses fonctions un mois plus tard, après la victoire de l'UMP aux élections législatives.

Dans la déclaration de politique générale qu'il fait à l'Assemblée nationale le 3 juillet 2002, le chef du gouvernement affirme son « audace réformatrice » tout en appelant à préserver « la cohésion nationale » et à considérer le dialogue avec les partenaires sociaux comme « le préalable nécessaire au règlement de nos dossiers majeurs ». Parmi les « dossiers majeurs », la réforme des retraites est clairement évoquée. Jean-Pierre Raffarin ne manque pas de critiquer l'attentisme de son prédécesseur en estimant que « la sauvegarde des retraites a été trop longtemps repoussée ». Il ajoute que « le principe de solidarité entre les générations exige la sauvegarde du régime par répartition pour assurer un bon revenu à tous les retraités » et que cela « doit aboutir à une plus grande équité entre les Français ».

Au sein du gouvernement, la préparation d'une réforme est confiée à François Fillon, ministre des Affaires sociales, du Travail et de la Solidarité. Un projet de loi est approuvé par le Conseil des ministres le 28 mai 2003. Le jour même, un communiqué du service de presse de la présidence de la République en rend compte en affirmant qu'il s'agit non seulement « de sauvegarder les retraites par répartition » mais aussi de « faire contribuer équitablement les Français à l'effort nécessaire pour garantir dans la durée la viabilité des régimes de retraite ». Le communiqué ajoute que « pour rétablir l'équilibre financier des régimes de retraite dans un contexte de vieillissement de la population, la loi prévoit en ce qui concerne la durée d'assurance, dans un premier temps, l'alignement d'ici 2008 du régime de la fonction publique sur le régime général ». Une fois transmis au Parlement, le projet de loi fait l'objet d'un rapport rédigé par le député Bernard Accoyer au nom de la commission des affaires culturelles de l'Assemblée nationale. Au Sénat, c'est à Dominique Leclerc qu'il incombe de présenter le rapport réalisé par la commission des affaires sociales. À l'issue des débats, la promulgation intervient le 21 août 2003.

Les dispositions les plus importantes de la loi n° 2003-775 du 21 août 2003 concernent l'alignement des durées de cotisation des fonctionnaires sur celles du régime général des salariés du secteur privé. Il est ainsi prévu que, d'ici 2008, « la durée d'assurance nécessaire pour bénéficier d'une pension de retraite au taux plein » soit de cent soixante trimestres, donc quarante ans pour les fonctionnaires civiles et militaires de l'État, pour les agents des collectivités locales et pour les ouvriers des établissements industriels publics. Il est précisé que la durée d'assurance sera majorée d'un trimestre chaque année « pour atteindre quarante et une annuités en 2012 ». Un coefficient de minoration de 1,25 % par trimestre manquant est appliqué au montant de la pension, mais des dispositions moins défavorables sont prises pour les personnes handicapées, pour les agents à temps partiel, pour « les femmes fonctionnaires ou militaires ayant accouché postérieurement à leur recrutement » ainsi que pour « les fonctionnaires élevant à leur domicile un enfant de moins de vingt ans atteint d'une invalidité ».

Il est procédé à une unification des régimes complémentaires dont bénéficient certains fonctionnaires par la création de la *retraite additionnelle de la fonction publique*. L'article 76 prévoit, en effet, la mise en place d'un « régime public de retraite additionnel obligatoire, par répartition provisionnée et par points ». La gestion de ce régime est confiée à « un établissement public à caractère administratif placé sous la tutelle de l'État » dont le conseil d'administration est « composé, notamment, de représentants des employeurs et de représentants des bénéficiaires cotisants ».

La nouvelle loi ne concerne cependant pas que les fonctionnaires. Elle impose ainsi, pour tous les retraités, un plancher au montant des pensions. À partir de l'année 2008, les retraités ayant touché des rémunérations particulièrement faibles durant leurs carrières professionnelles ne pourront se voir verser des pensions de montants inférieurs à 85 % du SMIC dès lors qu'ils totalisent au moins quarante années de cotisation.

En plus d'un plancher au montant des pensions, la nouvelle loi introduit le droit de reprendre une activité professionnelle. Appelé couramment « cumul emploi-retraite », ce droit est mentionné à l'article 15, qui dispose qu'il n'est pas fait « obstacle à la reprise d'une activité procurant des revenus ». La reprise d'activité ne doit pas se faire moins de six mois après le départ à la retraite. Si la somme des « pensions servies » et de la rémunération perçue est supérieure « au dernier salaire d'activité », le versement des pensions est interrompu.

La loi du 11 février 1994 a accordé aux travailleurs dits « non-salariés non agricoles » le droit de souscrire des contrats de retraite par capitalisation. En modifiant le Code des assurances, le Code de la Sécurité sociale et le Code de la mutualité, la nouvelle loi accorde ce droit à l'ensemble des salariés. Il est ainsi disposé qu'en plus « des régimes de retraite obligatoires par répartition, toute personne a accès, à titre privé ou dans le cadre de son activité professionnelle, à un ou plusieurs produits d'épargne réservés à la retraite ». L'article 108 précise que les compagnies d'assurance, les institutions de prévoyance et les organismes mutualistes peuvent proposer des contrats de *plan d'épargne individuelle pour la retraite*, qui permettent d'acquérir des « droits viagers personnels » assortis de « garanties complémentaires » en cas de décès ou en cas d'invalidité. L'article 109 ajoute que les salariés peuvent également recourir à la capitalisation à travers un *plan partenarial d'épargne salariale volontaire pour la retraite*, qui permet de placer des fonds pendant au moins dix ans en pouvant choisir entre plusieurs solutions financières.

Dans le souci de lutter contre la marginalisation dont les quinquagénaires sont de plus en plus victimes sur le marché du travail, l'article 11 de la nouvelle loi impose d'engager, tous les trois ans, des négociations sur les « questions de l'accès et du maintien dans l'emploi des salariés âgés et de leur accès à la formation professionnelle ». En complément, l'article 12 dispose que « dans un délai de trois ans après la publication de la présente loi, les organisations professionnelles et syndicales représentatives au niveau national sont invitées à engager une négociation interprofessionnelle sur la définition et la prise en compte de la pénibilité ».

Dans son premier rapport, le COR a souligné que « les citoyens et les assurés ont un besoin accru de bien comprendre la structure du système de retraite et d'en suivre les évolutions[1] ». Tenant compte de ce « besoin accru », la loi du 21 août 2003 reconnaît à tous les actifs le droit à un relevé de situation individuelle. Il est ainsi disposé que « les régimes de retraite légalement obligatoires et les services de l'État chargés de la liquidation des pensions sont tenus d'adresser périodiquement, à titre de renseignement, un relevé de la situation individuelle de l'assuré au regard de l'ensemble des droits qu'il s'est constitués ». Pour garantir la bonne

[1] *Ibid.*, p. 276.

application de ces dispositions, il est prévu de créer le groupement d'intérêt public Info-Retraite.

En complément, le gouvernement fait évoluer la coordination et le suivi des activités des régimes de retraite. Les missions du COR sont élargies, mais il est aussi décidé de créer une Commission de garantie des retraites. Placée sous la direction du vice-président du Conseil d'État, cette nouvelle commission est chargée de constater « l'évolution respective des durées d'assurance ou de services nécessaires pour bénéficier d'une pension de retraite à taux plein » et de « suivre annuellement l'évolution du taux d'activité des personnes de plus de cinquante ans » pour « favoriser leur maintien ou leur retour dans l'emploi ». En complément, la nouvelle loi prévoit la création d'une commission de compensation « auprès du ministre en charge de la Sécurité sociale » devant contrôler les informations quantitatives fournies par les régimes de retraite et rendre un avis sur toutes les demandes d'évolution des transferts budgétaires entre ces régimes.

La « réforme Fillon » provoque de vives contestations, surtout parmi les fonctionnaires. Des manifestations s'organisent grâce à une mobilisation relativement forte des agents du ministère de l'Éducation nationale. Des discussions entre le gouvernement et les confédérations syndicales permettent d'éviter le scénario vécu en 1995, après la présentation du « plan Juppé », mais elles n'empêchent pas l'expression d'une profonde amertume. Michel Husson en rend compte en affirmant que la loi du 21 août 2003 s'inscrit dans un « projet de déconstruction systématique, qui conduit l'État social à se transformer en un État antisocial[1] ». Cet économiste altermondialiste estime qu'en augmentant la durée de cotisation et en

---

[1] HUSSON, Michel, *Les Casseurs de l'État social*, Paris, La Découverte, 2003, p. 7.

généralisant le droit à des plans d'épargne, le gouvernement impose aux salariés des efforts contributifs alors que des solutions plus justes auraient pu être étudiées, notamment la taxation des revenus financiers versés par les entreprises à leurs actionnaires. Déplorant le « projet néolibéral[1] » qui inspire la réforme, Michel Husson dénonce une interprétation dramatisée des projections démographiques, une trop grande influence des organisations patronales et des institutions européennes, qu'il accuse de se référer à « un dogmatisme qui récuse par avance tout débat démocratique[2] » et qui sape les fondements de la solidarité intergénérationnelle.

La Caisse nationale du régime social des travailleurs indépendants

Après la promulgation de la loi du 21 août 2003, le gouvernement prépare une nouvelle réforme des retraites en s'intéressant, cette fois-ci, aux régimes des travailleurs indépendants. À la fin du mois de mars 2004 intervient un remaniement à l'issue duquel Philippe Douste-Blazy est nommé ministre des Solidarités, de la Santé et de la Famille. C'est à lui qu'incombe la responsabilité de poursuivre la préparation de la réforme. Au terme de nombreux échanges interministériels et après un avis du conseil d'administration de l'ACOSS, un projet d'ordonnance est approuvé en Conseil des ministres le 30 mars 2005. Le communiqué gouvernemental qui s'ensuit annonce clairement l'intention de créer des « institutions communes aux régimes de sécurité sociale des travailleurs indépendants » en fusionnant les institutions existantes d'ici le début de l'année 2006. Le rapport fait au président de la République confirme que

---

[1] *Ibid.*, p. 37.
[2] *Ibid.*, p. 98.

l'intention est bien « de créer les institutions et les outils nécessaires à la préparation de la mise en place du régime social des travailleurs indépendants au 1er janvier 2006 ».

La promulgation de la loi du 17 janvier 1948 a permis le développement de régimes autonomes de protection sociale pour les artisans, les commerçants et les professions libérales. Quelques mois seulement après cette promulgation est créée la CANCAVA. L'ORGANIC est mise en place en 1949 et la CANAM en 1966. L'ordonnance n° 2005-299 du 31 mars 2005 prévoit « à titre provisoire » la mise en place d'une institution commune chargée de gérer les prestations pour l'ensemble des professions indépendantes. Appelée « Caisse nationale du régime social des travailleurs indépendants », cette institution se voit attribuer toutes les prérogatives des conseils d'administration de la CANCAVA, de l'ORGANIC et de la CANAM. Il est ainsi disposé qu'elle « règle par ses délibérations les affaires générales des trois caisses nationales ».

Les dispositions de l'ordonnance étant prises à titre provisoire, la nouvelle caisse nationale est d'abord chargée de préparer « la mise en place du régime social des travailleurs indépendants ». Cette préparation implique notamment l'étude d'un « schéma d'implantation territoriale des futures caisses de base du nouveau régime ». En complément, des négociations sociales doivent être engagées « en vue de la conclusion d'accords » sur une classification et des garanties individuelles applicables à l'ensemble des agents de la CANCAVA, de l'ORGANIC et de la CANAM à reclasser au sein de la nouvelle caisse nationale.

L'ordonnance précise que cette nouvelle caisse nationale est dotée d'un conseil d'administration composé de cinquante-six membres, « à raison de vingt-cinq administrateurs représentant le groupe professionnel des artisans, vingt-cinq administrateurs représentant le groupe professionnel des industriels et commerçants et six administrateurs représentant le groupe professionnel des professions libérales ». Le président est élu parmi les membres du conseil d'administration. Il est assisté d'un directeur général qui, lui, est « nommé par l'autorité compétente de l'État ».

L'allongement de la durée de cotisation dans les régimes spéciaux

Issu du RPR puis de l'UMP, Nicolas Sarkozy a été maire de Neuilly-sur-Seine à partir de 1983, député des Hauts-de-Seine à partir de 1988, ministre du Budget de 1993 à 1995, ministre de l'Intérieur de 2002 à 2004, ministre de l'Économie, des Finances et de l'Industrie de mars à novembre 2004 puis à nouveau ministre de l'Intérieur de 2005 à 2007. Le 6 mai 2007, il est élu président de la République. Il demande alors à François Fillon de former un gouvernement, dans lequel Xavier Bertrand est nommé ministre du Travail, des Relations sociales et de la Solidarité.

Après les réformes qui ont touché le régime général, les régimes de la fonction publique et des travailleurs indépendants, le gouvernement entend s'attaquer aux régimes spéciaux. La virulence des réactions syndicales impose un travail préalable de négociation. À partir de 2007, plusieurs décrets sont publiés pour transposer une partie des dispositions de la « réforme Fillon » du 21 août 2003 aux régimes de retraite appliqués à la Banque de France, aux clercs et employés de notaires, à l'Opéra national de Paris et à la Comédie française. Un effort particulier de dialogue social est consenti pour faire évoluer les régimes des industries électriques et gazières, de la RATP et de la SNCF.

La réforme du régime de retraite des industries électriques et gazières

Une loi du 8 avril 1946 et un décret du 22 juin de la même année imposent la nationalisation des secteurs de l'électricité et du gaz. Leurs dispositions reconnaissent le droit à un statut, qui permet aux salariés concernés de bénéficier d'un régime spécial. Les prestations correspondantes sont gérées par les entreprises jusqu'à la promulgation de la loi du 9 août 2004 relative au service public de l'électricité et du gaz. Parmi ses nombreuses dispositions, cette loi impose de nouvelles normes comptables, ce qui rend nécessaire la création d'une caisse autonome pour gérer la protection sociale. C'est dans ce contexte que la CNIEG est créée en 2004.

Le décret n° 2008-627 du 27 juin 2008 réforme le régime de retraite et d'invalidité du personnel des industries électriques et gazières pour le rapprocher de ce qui est appliqué aux salariés du secteur privé et aux fonctionnaires. Ses principales dispositions entrent en vigueur dès le 1er juillet 2008. La CNIEG doit d'abord tenir compte d'un recul progressif de l'âge de départ. L'article 16 dispose ainsi que « la liquidation de la pension de vieillesse intervient sur demande lorsque l'agent a atteint au moins l'âge de soixante ans ». Le départ en retraite est encore possible à partir de cinquante-cinq ans, mais uniquement pour les agents embauchés avant le 1er janvier 2009 et sous réserve que ces agents comptent au moins « dix ans de services effectifs insalubres », les services dits « insalubres » correspondant à des postes spécifiques. Des conditions de départ avantageuses sont également consenties aux agents en situation de handicap, aux victimes d'accidents du travail, aux bénéficiaires de pensions d'invalidité et à ceux qui ont été exposés à l'amiante. Pour faciliter la convergence avec les salariés du secteur privé et avec les fonctionnaires, un coefficient de minoration s'applique désormais lorsqu'un agent met fin à sa carrière sans satisfaire aux conditions d'une retraite à taux plein.

Les années d'études et d'apprentissage, « le temps accompli au titre du service national », les périodes de mobilisation et de captivité « en temps de guerre », les congés sans solde, les congés individuels de formation, les périodes d'interruption d'activité liées à la naissance ou à l'adoption d'un enfant sont intégralement pris en compte dans la durée de cotisation. L'article 11 ajoute que « les périodes de travail effectuées à temps partiel sont décomptées comme des périodes de travail à temps plein ».

Le calcul du montant de la pension obéit à une logique assez complexe et se fait en fonction du coefficient de chaque agent. L'article 18 du décret précise que les éléments de rémunération à prendre en compte « sont déterminés sur la base du coefficient hiérarchique, ancienneté comprise, détenu depuis six mois au moins au moment de la cessation des services ». Des majorations sont applicables dans plusieurs circonstances, notamment aux agents « ayant eu à leur charge au moins trois enfants pendant neuf années » et à ceux élevant un enfant en situation de handicap. Antérieurement indexées sur l'évolution du salaire national des industries électriques et gazières, les modalités de revalorisation des pensions sont ajustées sur celles des retraités de la fonction publique puisque l'article 20 dispose qu'à partir « du 1er janvier 2009, les pensions sont revalorisées du taux prévu pour les fonctionnaires de l'État ».

La réforme du régime de retraite de la RATP

En 1939, un régime spécial de retraite est reconnu aux salariés de la Compagnie du métropolitain de Paris. Trois ans après la fin de la Seconde Guerre mondiale, les transports en commun parisiens sont réorganisés et leur exploitation est confiée à la RATP. Un décret du 21 mars 1948 reconnaît et préserve le régime spécial de 1939. En 2006, la gestion des retraites est confiée à la CRPRATP. Le régime de retraite est réformé par le décret n° 2008-637 du 30 juin 2008.

Ce régime de retraite distingue deux catégories d'emploi : les services actifs et les services sédentaires. Les services actifs rassemblent les agents occupant des postes d'exploitation et de maintenance. Les services sédentaires rassemblent les agents occupant tous les autres postes. Le décret du 30 juin 2008 prévoit que la durée d'activité nécessaire à l'obtention d'une pension de retraite à taux plein est portée à cent cinquante trimestres, soit trente-sept ans et demi à partir du 1er janvier 2009. Les agents travaillant dans les services actifs peuvent prendre leur retraite dès l'âge de cinquante ans s'ils « justifient de vingt-cinq années de services ». Les agents travaillant dans les services sédentaires doivent attendre d'avoir atteint l'âge de soixante ans, mais un départ anticipé reste possible si un agent a débuté sa carrière avant l'âge de seize ans, s'il est parent d'au moins trois enfants, s'il est en situation de handicap, s'il est « atteint d'une infirmité ou d'une maladie incurable le mettant définitivement dans l'impossibilité de gagner sa vie » mais à condition de justifier « d'au moins quinze ans de services civils effectifs ». Un coefficient de minoration est appliqué au calcul de la pension si l'agent prend sa retraite alors que le nombre de trimestres n'est pas suffisant. À l'inverse, un coefficient de majoration s'applique si un agent continue de travailler après avoir atteint l'âge auquel il peut prétendre à une pension à taux plein. En outre, l'article 51 du décret prévoit que la durée d'activité requise augmente progressivement à partir du 1er janvier 2009.

En plus des « services effectifs », la durée d'activité intègre les périodes de congé de présence parentale, de congé parental d'éducation, de service national, de contrat d'apprentissage et de contrat de professionnalisation. Les années d'études sont également prises en compte, mais seulement pour « au plus douze trimestres ». L'article 19 du décret précise que « les périodes d'activité à temps partiel sont prises en compte comme des périodes d'activité à temps plein ».

La revalorisation des pensions était indexée sur l'évolution des salaires. Le décret précise qu'à partir du 1er janvier 2009, cette revalorisation des pensions correspond au taux prévu pour les fonctionnaires de l'État et « fixé par arrêté du ministre chargé de la Sécurité sociale ».

La réforme du régime de retraite de la SNCF

Après plusieurs décennies de revendications et de négociations, une loi du 21 juillet 1909 rend obligatoire l'affiliation de tous les salariés des compagnies des chemins de fer à une caisse de retraite. Elle est complétée par une loi du 28 décembre 1911 sur les pensions de réversion. Depuis 2007, la gestion des retraites est confiée à la CPRPSNCF.

Les modalités de la réforme du régime de retraite du personnel de la SNCF sont précisées par le décret n° 2008-639 du 30 juin 2008. Comme pour les autres régimes spéciaux, la finalité est un rapprochement progressif avec ce qui est appliqué aux salariés du secteur privé et aux fonctionnaires. L'article premier dispose notamment que les agents de conduite peuvent faire valoir leurs droits à la retraite dès l'âge de cinquante ans lorsqu'ils comptent « au moins vingt-cinq années de services ». Pour les autres professions, le départ en retraite est possible à partir de cinquante-cinq ans, mais l'article 12 précise que « le nombre de trimestres nécessaires pour obtenir le pourcentage maximum de la pension est fixé à cent soixante trimestres », donc quarante années d'affiliation. Un coefficient de minoration est appliqué au calcul de la pension si le nombre de trimestres n'est pas suffisant, sauf si l'agent a élevé « au moins trois enfants », s'il est en situation de handicap, s'il est atteint « d'une maladie professionnelle causée par l'amiante » ou si « une maladie, une blessure ou une infirmité met dans l'impossibilité d'occuper un emploi ».

En plus des années effectivement travaillées, le service national, les périodes de congé de présence parentale, de congé parental d'éducation et de « congé de disponibilité pour éducation d'enfants de moins de huit ans » sont pleinement considérés dans la période d'affiliation. Les années d'études peuvent également être prises en compte, mais seulement dans la limite de douze trimestres.

Le calcul du montant de la pension se réfère à beaucoup d'éléments de rémunération comme la prime de logement, la prime de travail, la prime de fin d'année et les primes de traction. Comme dans le régime de retraite des industries électriques et gazières, « les périodes d'activité à temps partiel sont décomptées comme des périodes d'activité à temps plein ». L'article 13 ajoute que « les femmes ayant accouché postérieurement à leur recrutement par la SNCF bénéficient d'une majoration de durée d'assurance fixée à deux trimestres ». Les modalités de revalorisation des pensions deviennent similaires à celles des autres régimes spéciaux, les pensions étant « revalorisées du taux prévu pour les fonctionnaires de l'État » à partir du 1er janvier 2009.

CHAPITRE VII

LA FIN DE LA RETRAITE À SOIXANTE ANS

Avec l'alignement des durées de cotisation des fonctionnaires sur celles des salariés du secteur privé, la création du cumul emploi-retraite et la mise en place du groupement d'intérêt public Info-Retraite, la « réforme Fillon » du 21 août 2003 marque une évolution importante. Elle est complétée par une série de décrets qui, en 2007 et 2008, imposent une révision des durées d'affiliation pour que les régimes spéciaux convergent progressivement vers ce qui est appliqué au secteur privé et à la fonction publique.

Malgré leur importance, les réformes engagées entre 2003 et 2008 s'avèrent vite insuffisantes. L'évolution des données démographiques rend nécessaires de nouveaux efforts, ce qui préoccupe les responsables politiques et les confédérations syndicales au moins autant que l'opinion publique. La perspective d'exiger toujours plus d'années de travail n'est pas compatible avec les pratiques des entreprises, qui continuent à précipiter les départs de leurs salariés âgés. L'emploi des seniors devient *de facto* un véritable enjeu de société. Certains experts soulignent que, si des carrières plus longues sont nécessaires à la sauvegarde des régimes de retraite, elles peuvent aussi apporter une contribution significative à l'activité économique. Le sociologue Robert Rochefort rappelle ainsi que l'abondance de la population active reste un des principaux facteurs de croissance. Pour l'économie, l'arrivée progressive de classes d'âge moins nombreuses sur le marché du travail représente donc une tendance préoccupante. Face à cela, Robert Rochefort affirme qu'il est urgent « de favoriser les situations productives à tous les âges de la vie pour disposer de la main-d'œuvre nécessaire et pour faire rentrer des cotisations[1] ». À cet effet, il recommande le maintien dans l'emploi des salariés âgés grâce à la formation continue, à des « règles incitatives au cumul emploi-retraite[2] », à l'adaptation des postes et des horaires de travail, à la prévention des situations de pénibilité, à des aides à la création ou à la reprise d'entreprise.

Certaines des recommandations sont reprises par des groupes de réflexion. Dans un rapport publié en juin 2010, la fondation Terra Nova propose ainsi de prévenir les situations de pénibilité au travail, de taxer les revenus patrimoniaux, les heures supplémentaires, les indemnités de départ, les stock-options, les primes d'intéressement et de participation, mais aussi de supprimer les avantages fiscaux dont bénéficient les retraités pour faire respecter « un principe de parité de niveau de vie[3] » avec les actifs et pour augmenter les ressources des régimes sans avoir à

---

[1] ROCHEFORT, Robert, *La retraite à 70 ans ?*, Paris, Belin, 2004, p. 120.

[2] *Ibid.*, p. 83.

[3] *Réformer les retraites : quelles solutions progressistes ?*, Paris, Terra Nova, 2010, p. 41.

reculer l'âge de départ. Déplorant que les Français ne se soient encore vus appliquer que des réformes assimilables à « des bricolages consistant à résorber à court terme les trous de trésorerie des régimes de retraite, au fur et à mesure de leur apparition[1] », Terra Nova réclame surtout « une amélioration structurelle de l'ensemble du marché du travail[2] » qui permettrait d'améliorer le taux d'emploi des seniors et des jeunes par le recours au temps partiel en fin de carrière, par l'encouragement au tutorat dans les entreprises, par la mobilisation des contrats aidés, de la formation professionnelle et des bilans de compétences.

Au même moment, l'Institut Montaigne publie une note qui invite également à des « réformes structurelles » tant pour résorber « un déficit important et croissant » que pour rendre le système français moins « archaïque, opaque et inégalitaire[3] ». Partant du constat que les politiques d'anticipation des départs en retraite n'ont jamais permis de « donner de l'emploi aux jeunes » et que le progrès social ne peut consister « à s'arrêter de travailler de plus en plus tôt[4] », la note propose de repousser l'âge de départ à soixante-cinq ans et d'instituer un régime de retraite unique par points. L'Institut Montaigne entend ainsi supprimer la comptabilisation des droits en annuités et les avantages propres à certains régimes, avec la conviction qu'il n'y a « aucune raison valable pour qu'un fonctionnaire ou un cheminot soit favorisé par rapport à un salarié du privé, un exploitant agricole ou un commerçant[5] ».

[1] *Ibid.*, p. 15.
[2] *Ibid.*, p. 62.
[3] *Réformer les retraites : pourquoi et comment ?*, Paris, Institut Montaigne, 2010, p. 1.
[4] *Ibid.*, p. 2.
[5] *Ibid.*, p. 4.

La retraite à soixante-deux ans

La pertinence des recommandations faites par la fondation Terra Nova et par l'Institut Montaigne ne peut laisser indifférent mais, avant qu'une réforme ne puisse être engagée, la France doit faire face aux conséquences dramatiques d'une crise venue des États-Unis.

Comment une crise financière provoque une nouvelle Grande Dépression

Depuis le début des années 1980, la mondialisation a accéléré la tertiarisation de beaucoup des économies occidentales et provoqué un phénomène de métropolisation, qui fait que la création d'emploi et, par conséquent, la population active se concentrent autour des plus grandes villes. Les États-Unis ne font pas exception. Alors que le centre du pays se désindustrialise et voit ses habitants sombrer dans la précarité, les régions côtières sont dynamisées par le développement de sociétés d'investissement et d'entreprises déjà tournées vers les nouvelles technologies de la communication. Ces évolutions provoquent une flambée des prix de l'immobilier dans des agglomérations comme celles de Boston, New York, Philadelphie, Baltimore, Washington, Miami, Seattle, San Diego, Los Angeles, San Francisco et son emblématique Silicon Valley.

L'évolution des prix de l'immobilier paraît irrésistible et ne manque pas d'intéresser les banques, qui en viennent à commercialiser des solutions de crédit de plus en plus accommodantes pour aider les Américains à devenir propriétaires. Au début des années 2000, des prêts hypothécaires appelés « subprimes » sont même proposés aux ménages les plus modestes pour les inciter à s'endetter en vue d'acquérir un logement et d'autres biens à des taux d'intérêt révisables. Ces prêts hypothécaires sont corrélés à la valeur des biens acquis. Tant que les prix de l'immobilier augmentent, il reste donc possible d'emprunter, d'investir et de consommer. L'économiste Philippe Waechter et le journaliste Martial You expliquent que, dans ce contexte euphorique, « si le prix de l'immobilier continue de progresser rapidement, celui qui a un crédit mais qui est en difficulté pour le rembourser pourra toujours revendre sa maison » puis « paiera son crédit à son banquier et pourra même faire une plus-value[1] ».

Les pratiques bancaires sont encouragées par le fait que, pour soutenir l'activité, les autorités monétaires laissent les taux d'intérêt à des niveaux très bas. En outre, les banques sont autorisées à retirer de leurs bilans la valorisation des crédits qu'elles ont accordés à vau-l'eau. Elles peuvent ainsi vendre à d'autres institutions des produits intégrant les risques qu'elles ont pris. Les ventes se font selon des modalités et des mécanismes dits de « titrisation » auxquels les agences de notation prêtent curieusement peu d'attention.

Entre la fin de l'année 2005 et le début de l'année 2006, le marché immobilier commence à se retourner. Dans bon nombre d'États, les prix des logements ont atteint des niveaux qui rendent les achats impossibles pour la majorité des Américains. Puisque la demande ne peut plus suivre l'offre, les prix baissent. La dévalorisation des biens immobiliers rend insolvable une partie des créanciers des banques. Cette situation provoque une véritable « contagion financière[2] » puisque les banques et toutes les institutions qui leur ont acheté des produits liés aux prêts hypothécaires se trouvent

[1] WAECHTER, Philippe, YOU, Martial, *Subprimes, la faillite mondiale ?*, Monaco, Éditions Alphée, p. 46.
[2] *Ibid.*, p. 50.

soudainement en grande difficulté. L'administration de George Walker Bush et les dirigeants de la Federal Reserve se mobilisent pour injecter des liquidités et sauver des sociétés financières comme Bear Stearns, Fannie Mae et Freddie Mac. Cette mobilisation apaise momentanément les marchés, mais elle n'empêche pas la situation de virer progressivement à la catastrophe. C'est dans une atmosphère de panique que, le 15 septembre 2008, la grande banque d'investissement Lehman Brothers fait faillite.

En France, le gouvernement reste d'abord sans réaction en considérant que la crise des « subprimes » ne concerne que les États-Unis. Malheureusement, il est vite révélé que la plupart des banques européennes réalisent, depuis plusieurs années, des opérations spéculatives par lesquelles leurs concurrentes américaines leur vendent des produits liés aux prêts hypothécaires. Des groupes comme BNP Paribas, BPCE et Société Générale doivent annoncer des provisions comptables liées à la dévalorisation d'une partie de leurs portefeuilles financiers. Née aux États-Unis, la crise devient le plus rude choc économique mondial depuis la Grande Dépression des années 1930.

Cette crise n'est pas sans conséquence pour les régimes de retraite. Les répercussions sur l'économie amènent à une fragilisation du financement des entreprises puis à une augmentation du chômage, ce qui diminue évidemment les recettes des régimes tandis que le vieillissement de la population se poursuit. Le COR est contraint d'actualiser toutes ses prévisions. Dans un rapport publié en avril 2010, il annonce un alourdissement du besoin de financement des retraites compris entre soixante-douze milliards et cent quinze milliards d'euros d'ici 2050, les différentes évaluations dépendant des hypothèses de variation de la productivité et de l'emploi. Le COR en vient à recommander à la fois une hausse des prélèvements, une stabilisation du montant des pensions et « un décalage supplémentaire[1] » de l'âge de départ. Ces recommandations revêtent d'autant plus d'importance que la chute des marchés financiers a fait perdre près de huit milliards d'euros de valeur aux placements faits par le Fonds de réserve pour les retraites depuis sa création en 2001.

La loi du 9 novembre 2010

« La Nation réaffirme solennellement le choix de la retraite par répartition au cœur du pacte social qui unit les générations ». C'est par ces mots que commence le premier article de la loi n° 2010-1330 du 9 novembre 2010. Dans le même article, il est ajouté que « le système de retraite par répartition poursuit les objectifs de maintien d'un niveau de vie satisfaisant des retraités, de lisibilité, de transparence, d'équité intergénérationnelle, de solidarité intergénérationnelle, de pérennité financière, de progression du taux d'emploi des personnes de plus de cinquante-cinq ans et de réduction des écarts de pension entre les hommes et les femmes ».

Avant d'être promulguée, cette loi du 9 novembre 2010 a suivi un processus législatif très complet. Préparée par Éric Woerth, ministre du Travail, de la Solidarité et de la Fonction publique, elle a donné lieu à sept rapports et avis parlementaires : quatre à l'Assemblée nationale et trois au Sénat. Elle a finalement été approuvée par une commission mixte paritaire puis fait l'objet d'une décision du Conseil constitutionnel.

La mesure la plus commentée est l'abandon de l'âge de référence de soixante ans. Les articles 18 et 19 modifient le Code de la Sécurité sociale, le Code général des impôts,

---

[1] *Retraites : perspectives actualisées à moyen et long terme*, Paris, Conseil d'orientation des retraites, 2010, p. 45.

le Code rural et de la pêche maritime pour disposer que l'âge d'ouverture du droit à la retraite « est fixé à soixante-deux ans pour les assurés nés à compter du 1er janvier 1956 ». L'article 23 modifie le Code des communes, le Code de la défense et le Code des pensions civiles et militaires pour imposer également l'âge de soixante-deux ans aux fonctionnaires, tandis que la mise à la retraite d'office est repoussée de l'âge de soixante-cinq ans à celui de soixante-sept ans.

Par la loi du 21 août 2003, il a déjà été exigé d'engager une négociation interprofessionnelle sur la définition et la prise en compte de la pénibilité. La nouvelle loi comprend des dispositions plus importantes pour prévenir et compenser la « pénibilité du parcours professionnel ». La loi donne une définition de la pénibilité, qui désigne l'ensemble des « contraintes physiques marquées », liées « à un environnement physique agressif ou à certains rythmes de travail susceptibles de laisser des traces durables identifiables et irréversibles ». L'article 60 attribue à la médecine du travail la responsabilité de tenir à jour un dossier médical recensant « les informations relatives à l'état de santé du travailleur, aux expositions auxquelles il a été soumis » et les avis donnés pour y remédier. Le même article impose à l'entreprise de créer une fiche individuelle, dans laquelle sont mentionnées « les conditions de pénibilité auxquelles le travailleur est exposé, la période au cours de laquelle cette exposition est survenue ainsi que les mesures de prévention mises en œuvre par l'employeur pour faire disparaître ou réduire ces facteurs ». L'article 77 ajoute que, dans toute société « employant au moins cinquante salariés », un accord collectif ou, à défaut, un plan d'action est mis en œuvre pour réduire la pénibilité des postes de travail. Pour aider les entreprises à financer les mesures prévues dans les accords ou les plans d'action, l'État et la Sécurité sociale versent des dotations à un Fonds national de soutien relatif à la pénibilité.

La nouvelle loi étend les droits des assurés qui peuvent désormais bénéficier, à partir de quarante-cinq ans, « d'un entretien portant notamment sur les droits qu'ils se sont constitués dans les régimes de retraite ». À cet effet, l'article 9 prévoit la création d'un « répertoire de gestion des carrières unique » centralisant les données professionnelles de tous les salariés et de tous les fonctionnaires.

Après la signature de l'ordonnance du 31 mars 2005, une caisse nationale a été provisoirement mise en place pour gérer les prestations sociales de l'ensemble des professions indépendantes. L'article 57 de la loi du 9 novembre 2010 prévoit l'institution d'un « régime de retraite complémentaire obligatoire des professions artisanales, industrielles et commerciales » à partir du 1er janvier 2013. Ce régime « assure au bénéfice des personnes affiliées l'acquisition et le versement d'une pension exprimée en points ».

La loi du 21 août 2003 a fait évoluer la gouvernance du système de retraite. Cette gouvernance évolue encore avec la loi du 9 novembre 2010 et la mise en place d'un Comité de pilotage des régimes de retraite. Composé de députés, de sénateurs, de « représentants de l'État », de « représentants des régimes de retraite légalement obligatoires », de représentants des organisations patronales et des confédérations syndicales, ce comité doit remettre, chaque année, « un avis sur la situation financière des régimes de retraite, sur les conditions dans lesquelles s'effectue le retour à l'équilibre du système de retraite » en s'appuyant sur les travaux du COR. Le comité est également chargé d'organiser « une réflexion nationale sur les objectifs et les caractéristiques d'une réforme systémique » en vue « d'une plus grande équité entre les régimes de retraite » et de la « mise en place d'un régime universel par points ». En plus de ce comité, la loi prévoit la création d'une Caisse de retraite des fonctionnaires de l'État et la mise en place d'un comité scientifique ayant « pour mission d'évaluer les conséquences de l'exposition aux facteurs de pénibilité sur l'espérance de vie ».

Dans un pays encore marqué par la crise financière, les principales dispositions de la loi du 9 novembre 2010 passent mal. Elles suscitent une grande défiance à l'égard des pratiques réformistes, qui continuent à imputer aux actifs la charge de s'adapter aux contraintes démographiques en les obligeant à cotiser davantage et à travailler plus longtemps. Dans certaines confédérations syndicales, dans des mouvements politiques d'extrême gauche et dans une partie de l'opinion publique, la défiance est particulièrement affirmée, l'abandon de l'âge de référence de soixante ans étant considéré comme inacceptable. Bernard Friot s'en fait l'écho en affirmant : « on vient de sauver les banques en leur donnant de l'argent, beaucoup d'argent d'ailleurs, tandis que, pour sauver les retraites, depuis vingt ans on ne fait que de leur ôter de l'argent, principalement par le gel du taux des cotisations patronales[1] ». À travers ses analyses, le sociologue communiste affirme que les pouvoirs publics poussent les actifs à partir à la retraite de plus en plus tard pour toucher des pensions calculées de façon de moins en moins favorable. Il en conclut, avec dépit, que « toute augmentation de l'espérance de vie se traduit par une baisse automatique des pensions[2] ».

---

[1] FRIOT, Bernard, *L'Enjeu des retraites*, Paris, La Dispute, 2010, p. 10.
[2] *Ibid.*, p. 43.

Du contrat de génération au compte personnel de prévention de la pénibilité

Les conséquences de la crise financière ont inexorablement dégradé la popularité de Nicolas Sarkozy. Le 6 mai 2012, François Hollande remporte l'élection présidentielle après avoir rassemblé plus de 51 % des suffrages exprimés au second tour. Adhérent au PS depuis 1979, chargé de mission auprès de la présidence de la République en 1981, député à partir de 1988, maire de Tulle de 2001 à 2008 puis président du Conseil général de la Corrèze de 2008 à 2012, il est officiellement investi neuf jours après l'annonce de sa victoire électorale. Il demande à Jean-Marc Ayrault de former un gouvernement. Michel Sapin est ensuite nommé ministre du Travail, de l'Emploi, de la Formation professionnelle et du Dialogue social.

Une première initiative est prise le 2 juillet 2012, avec la publication d'un décret du ministère des Affaires sociales et de la Santé prévoyant le rétablissement du droit à la retraite à soixante ans pour tous les actifs « ayant commencé à travailler avant vingt ans » et justifiant de la durée d'assurance nécessaire pour bénéficier d'une pension de retraite au taux plein. Cette « retraite anticipée » est financée par une augmentation progressive des cotisations des employeurs et des salariés. Sa mise en application implique des modifications du Code de la Sécurité sociale, du Code rural et de la pêche maritime, du Code des pensions civiles et militaires ainsi que des normes applicables aux régimes spéciaux. Le même décret augmente le nombre de trimestres « réputés cotisés » durant les périodes de chômage et de congé de maternité.

Le contrat de génération

Une semaine après la publication du décret, François Hollande ouvre une grande conférence sociale, qui est présentée comme l'expression d'un « état d'esprit de dialogue, guidé par la conviction que les réformes les plus réussies sont les mieux préparées et les plus concertées[1] ». Réunissant plus de trois cents représentants des organisations patronales, des confédérations syndicales et du monde associatif, cette conférence se donne l'ambition de « parvenir à construire une feuille de route sociale ». Elle est composée de sept tables rondes, qui ont vocation à proposer respectivement des solutions pour « développer l'emploi », « assurer des systèmes de rémunération justes et efficaces », « atteindre l'égalité professionnelle et améliorer la qualité de vie au travail », « réunir les conditions du redressement productif », « assurer l'avenir des retraites et de notre protection sociale », « moderniser l'action publique », « développer les compétences et la formation tout au long de la vie[2] ».

La « feuille de route » résultant de la grande conférence sociale mobilise prioritairement Michel Sapin sur le contrat de génération, que François Hollande avait proposé durant la campagne électorale. Cette mobilisation donne lieu à une négociation interprofessionnelle et aboutit à la signature d'un accord entre les confédérations syndicales et les organisations patronales le 19 octobre 2012. Un projet de loi est ensuite préparé, adopté en Conseil des ministres, débattu à l'Assemblée nationale et au Sénat. Partiellement révisée par le Conseil constitutionnel, la loi « portant création du contrat de génération » est finalement promulguée le 1er mars 2013.

---

[1] *La Grande Conférence sociale : Feuille de route sociale*, Paris, Services du Premier ministre, 2012, p. 2.

[2] *Ibid.*, p. 3.

La présentation du contrat de génération commence par un *mea culpa* : le gouvernement reconnaît que, depuis déjà plusieurs décennies, « l'idée qui consistait à faire partir les plus âgés pour faire une place aux jeunes n'a pas fonctionné dans les faits[1] ». Il s'agit désormais d'inciter les entreprises à embaucher des jeunes, à maintenir les salariés seniors dans l'emploi, à « assurer la transmission des savoirs et des compétences[2] » entre les générations. La finalité est de « regarder les jeunes comme une chance et comme un investissement pour l'entreprise, et reconnaître la valeur des salariés âgés, riches d'une expérience précieuse pour toute organisation[3] ».

Le contrat de génération s'applique « à tous les employeurs de droit privé, ainsi qu'aux établissements publics à caractère industriel et commercial[4] ». Les conditions de sa mise en œuvre dépendent du nombre de salariés. Lorsque son effectif est inférieur à cinquante salariés, l'entreprise peut bénéficier d'une aide « au titre du recrutement de jeunes de moins de 26 ans en contrat à durée indéterminée ou de moins de 30 ans pour les travailleurs handicapés et du maintien en emploi d'un senior de 57 ans et plus[5] ». L'aide est également ouverte aux entreprises comptant jusqu'à deux cent quatre-vingt-dix-neuf salariés, mais à condition qu'une négociation ait été engagée en vue d'un accord collectif. Lorsque l'effectif compte plus de deux cent quatre-vingt-dix-neuf salariés, l'entreprise ne bénéficie d'aucune aide, mais doit mettre en œuvre un accord collectif ou, à défaut, un plan d'action, sans quoi elle risque d'avoir à payer une pénalité

---

[1] *Dossier de presse : contrat de génération*, Paris, Ministère du Travail, de l'Emploi, de la Formation professionnelle et du Dialogue social, 2013, p. 3.

[2] *Ibid.*, p. 12.

[3] *Ibid.*, p. 4.

[4] *Ibid.*, p. 5.

[5] *Ibid.*, p. 6.

dont le montant « peut aller jusqu'à 1 % de la masse salariale[1] ».

Lancé avec enthousiasme par le gouvernement, le contrat de génération s'avère vite être un échec. Confrontées à une conjoncture économique anxiogène depuis la crise des « subprimes », beaucoup d'entreprises hésitent à embaucher, même lorsque des salariés les quittent. Par conséquent, la situation des jeunes et des seniors ne s'améliore guère sur le marché du travail. Dans son rapport public de l'année 2016, la Cour des comptes doit malheureusement reconnaître que le contrat de génération est « un dispositif qui n'a pas trouvé son public[2] » et qu'il aboutit à des résultats « nettement en deçà des objectifs fixés à l'origine[3] ». Le contrat de génération marque cependant une rupture avec les préjugés hérités des années 1970. Comme l'affirme l'économiste Jean-Olivier Hairault, « en n'opposant plus le sort des jeunes et celui des seniors, cette politique a au moins le mérite de rompre avec l'idéologie malthusienne passée, et il faut la saluer à ce titre[4] ».

La « réforme Touraine » du 20 janvier 2014

Après le contrat de génération, une autre promesse électorale doit être tenue : celle d'une meilleure prise en compte de la pénibilité à laquelle sont exposés certains actifs. Au gouvernement, c'est Marisol Touraine, ministre des Affaires sociales et de la Santé, qui est chargée d'y travailler. Un projet de loi est adopté par le Conseil des

---

[1] *Ibid.*, p. 10.

[2] *Le rapport public annuel 2016 : tome I*, Paris, Cour des comptes, 2016, p. 68.

[3] *Ibid.*, p. 65.

[4] HAIRAULT, Jean-Olivier, *Ce modèle social que le monde ne nous envie plus*, Paris, Albin Michel, 2015, p. 42.

ministres, débattu à l'Assemblée nationale et au Sénat puis soumis à l'avis du Conseil constitutionnel. À l'issue du processus législatif, une loi « garantissant l'avenir et la justice du système de retraites » est promulguée le 20 janvier 2014.

Le premier article de la loi n° 2014-40 du 20 janvier 2014 dispose que « la pérennité financière du système de retraite par répartition est assurée par des contributions réparties équitablement entre les générations et, au sein de chaque génération, entre les différents niveaux de revenus ». Dès l'article 2, il est précisé que l'objectif de « pérennité financière » impose une révision de « la durée d'assurance nécessaire pour bénéficier d'une pension de retraite au taux plein ». Les actifs nés à partir du 1er janvier 1958 se voient ainsi imposer de travailler au moins cent soixante-sept trimestres, c'est-à-dire près de quarante-deux années. La durée de cotisation la plus longue concerne « les assurés nés à partir du 1er janvier 1973 » qui vont devoir travailler pendant au moins cent soixante-douze trimestres, donc quarante-trois ans.

Comme prévu à son origine, la nouvelle loi ambitionne de « mieux prendre en compte la pénibilité au travail ». À cet effet, elle impose aux employeurs de tenir à jour une « fiche individuelle » pour chaque salarié. Cette fiche doit recenser les facteurs de risques professionnels ainsi que la durée et le niveau d'exposition à ces risques. Lorsque le recensement permet de reconnaître une exposition à un ou plusieurs risques, des points sont crédités sur un compte personnel de prévention de la pénibilité. Le salarié peut ensuite utiliser ces points pour suivre « une action de formation professionnelle continue en vue d'accéder à un emploi non exposé ou moins exposé à des facteurs de pénibilité », pour financer un « complément de sa rémunération » en cas de passage à temps partiel ou pour bénéficier « d'un départ en retraite avant l'âge légal ». La gestion des comptes de tous les actifs est confiée à la CNAVTS. Les comptes sont crédités en référence « aux données déclarées » en début d'année par chaque employeur.

Au-delà de la prise en compte de la pénibilité, la loi du 20 janvier 2014 prévoit des dispositions pour améliorer les pensions de certaines populations, notamment les femmes, les « professions non salariées agricoles », les « assurés à carrière heurtée » et ceux ayant « la reconnaissance de la qualité de travailleur handicapé ». L'amélioration des pensions se fait par le versement d'un *complément différentiel* permettant de toucher une pension d'un montant minimal garanti. De plus, certains articles comprennent des dispositions pour clarifier la prise en compte des périodes correspondant au service national et à des stages en entreprise dans le calcul de la durée des carrières professionnelles.

Comme les lois précédentes, celle du 20 janvier 2014 entend améliorer l'information sur les droits à la retraite. À cet effet, des dispositions prévoient, pour chaque actif comme pour chaque retraité, la création « d'un service en ligne lui donnant accès à tout moment à son relevé actualisé, l'informant sur les régimes dont il relève et lui permettant de réaliser certaines démarches administratives et d'échanger avec les régimes concernés des documents dématérialisés ». Un effort d'information particulier est prévu lorsqu'un salarié est concerné par un « projet d'expatriation ».

La loi du 20 janvier 2014 fait aussi évoluer la gouvernance du système en instituant un Comité de suivi des retraites. Ce comité est « composé de deux femmes et de deux hommes, désignés en raison de leurs compétences en matière de retraite ». Les travaux de ces quatre personnes sont discutés au sein d'un « jury citoyen constitué de neuf femmes et de neuf hommes tirés au sort ». Avant le 15 juillet de chaque année, le comité de suivi des retraites rend « un avis annuel et public » sur « la prise en considération de la pénibilité au travail », sur « la situation comparée des femmes et des hommes au regard de l'assurance vieillesse » et sur « l'évolution du pouvoir d'achat des retraités ». En complément et pour pouvoir traiter les demandes des salariés exerçant des métiers pénibles, la loi crée « un fonds chargé du financement des droits liés au compte personnel de prévention de la pénibilité ». Ce fonds est « un établissement public de l'État » dont le conseil d'administration est paritaire. Ses principales recettes proviennent de charges versées par les employeurs « au titre des salariés qu'ils emploient et qui entrent dans le champ d'application du compte personnel de prévention de la pénibilité ». Les charges sont d'un montant compris entre 0,2 % et 0,8 % de la masse salariale, selon le niveau de pénibilité des métiers exercés.

Le scandale du RSI

Préalablement à son élection à la présidence de la République, François Hollande s'est engagé à mettre en œuvre le contrat de génération et à faire reconnaître les facteurs de pénibilité. Avec les promulgations de la loi du 1er mars 2013 puis de la loi du 20 janvier 2014, le pouvoir exécutif peut avoir le sentiment du devoir accompli. Malheureusement, ces avancées sociales sont vite éclipsées par les révélations faites sur la gestion du RSI qui obligent le gouvernement à gérer une situation très critique pour les professions indépendantes.

Depuis 1948, des régimes autonomes de protection sociale se sont développés pour les artisans, les commerçants et les professions libérales. Ces régimes sont gérés par la CANCAVA, l'ORGANIC et la CANAM jusqu'à la signature de l'ordonnance du 31 mars 2005, qui impose la mise en place « à titre provisoire » d'une Caisse nationale du régime social des travailleurs indépendants. À partir du début de l'année 2008, les URSSAF se voient confier le rôle d'interlocuteur social unique pour le recouvrement des cotisations. Après la promulgation de la loi du 9 novembre 2010, la Caisse nationale du régime social des travailleurs indépendants doit assurer définitivement la gestion du RSI. À partir du 1er janvier 2013, un régime de retraite complémentaire est rendu obligatoire pour les professions artisanales, industrielles et commerciales.

Chaque année, le RSI représente huit milliards d'euros de cotisations versées par deux millions sept cent mille cotisants. Plus de deux millions de retraités y sont rattachés. Dès sa mise en place, des dysfonctionnements apparaissent : une partie des remboursements des dépenses de santé n'est pas traitée correctement et des pensions de retraite ne sont parfois même pas versées à certains assurés en raison de problèmes d'organisation et de mauvais paramétrages des systèmes d'information. La situation devient un scandale retentissant lorsqu'en septembre 2012, la Cour des comptes rend public son rapport sur l'application des lois de financement de la Sécurité sociale.

Une partie du rapport dresse un bilan accablant des réformes ayant abouti à la création du RSI. La Cour des comptes parle d'emblée d'une « réforme de simplification administrative mal construite et mal mise en œuvre[1] » causant « de très lourds dysfonctionnements pour les assurés[2] ». Ses investigations révèlent que, dès 2008, il est évident que l'outil informatique utilisé par les URSSAF et par l'ACOSS est incompatible avec celui qui est utilisé par le RSI. Le rapport précise qu'aucune des institutions n'a

---

[1] *La Sécurité sociale*, Paris, Cour des comptes, 2012, p. 200.
[2] *Ibid.*, p. 199.

consenti aux efforts d'adaptation nécessaires, ce qui a inévitablement aggravé les problèmes : « les émissions de cotisations ont été frappées de très nombreuses erreurs[1] » tandis que « les affiliations, radiations et modifications des fichiers de cotisants n'étaient plus prises en compte[2] ». Le rapport ajoute que les erreurs et les retards provoqués par les dysfonctionnements informatiques ont causé des préjudices directs à bon nombre d'assurés. Il est notamment signalé « qu'en 2007, 90 à 95 % des retraites de droits propres étaient liquidées dans les 60 jours » et que « ce taux est tombé à 70 % en 2010[3] ».

Aux difficultés initiales s'ajoute rapidement le constat d'un défaut de coordination entre les institutions. Cette situation explique qu'à la fin de l'année 2009, un rapport de l'IGAS déplore que le RSI soit voué à fonctionner de façon durablement dégradée. La Cour des comptes souligne que, tout en mobilisant des moyens humains supplémentaires, « chacun des organismes a travaillé de son côté à la résolution de ses propres difficultés, se contentant de rejeter sur l'autre la responsabilité des dysfonctionnements qui ne lui incombaient pas directement[4] ». À la demande de l'État, l'ACOSS et le RSI finissent par former des groupes de travail communs, mais cet effort de coordination survient trop tard pour éviter le scandale. Élus municipaux, députés, sénateurs et représentants des partenaires sociaux sont vivement interpelés par un nombre croissant d'artisans, de commerçants et de professionnels libéraux, qui voient leur situation sociale se dégrader.

Pour remédier à cette situation, la Cour des comptes recommande de mobiliser les équipes sur l'amélioration

---

[1] *Ibid.*, p. 209.
[2] *Ibid.*, p. 210.
[3] *Ibid.*, p. 211.
[4] *Ibid.*, p. 213.

du recouvrement des cotisations, d'assurer un véritable pilotage des comptes du régime et de mener à « la mise en place d'un nouveau système informatique prenant la forme d'un référentiel de données administratives partagées[1] » entre l'ACOSS et le RSI. Ces recommandations arrivent trop tard car l'institution du RSI demeure un échec et même un scandale pour tous ceux qui en ont été victimes. François Hollande quitte la présidence de la République le 14 mai 2017. Quelques mois plus tard, son successeur fait supprimer le RSI.

---

[1] *Ibid.*, p. 225.

CHAPITRE VIII

L'AMBITION D'UN RÉGIME UNIVERSEL

Secrétaire général adjoint de la présidence de la République de mai 2012 à juin 2014 puis ministre de l'Économie, de l'Industrie et du Numérique d'août 2014 à août 2016, Emmanuel Macron fonde le mouvement En Marche pour rassembler des idées et des personnalités venant à la fois de partis de droite et de partis de gauche quelques mois avant d'annoncer sa candidature à l'élection présidentielle. Convaincu que « les principaux blocages de notre société viennent des corporatismes, des corps intermédiaires et du système politique[1] », il dit croire « dans la transformation du pays et dans les idées de progrès[2] ». Dans un entretien qu'il accorde à la journaliste Michèle Cotta le 8 mars 2016, il affirme même son ambition « de façonner une société qui se soucie de justice

---

[1] FOTTORINO, Éric, *Macron par Macron*, Paris, Éditions de l'Aube, 2017, p. 42.
[2] *Ibid.*, p. 41.

et favorise l'égalité, une société ouverte aux valeurs universelles, à l'intérêt général[1] ».

Le 7 mai 2017, il est élu président de la République en recueillant plus de 66 % des suffrages exprimés au second tour. Une semaine plus tard, il demande à Édouard Philippe de former un gouvernement. Après la victoire de LREM aux élections législatives, un programme de *rénovation du modèle social* est prévu. Ce programme comprend une grande réforme des retraites, mais le pouvoir exécutif ne perçoit pas certaines réalités et ne pressent pas l'irritabilité d'une partie de la population, qui n'est absolument pas disposée à laisser remettre en question ses acquis sociaux. Les résultats des derniers scrutins signifient moins une adhésion aux réformes prévues que l'expression d'une volonté de *dégagisme* après une longue accumulation de motifs d'exaspération.

Un peuple au bord de la crise de nerfs

Au début des années 1990, la disparition des régimes communistes d'Europe centrale et la dissolution de l'Union soviétique font basculer la France et les autres pays occidentaux dans un enthousiasme qui présente le libéralisme le plus radical comme la solution à tous les problèmes. Les responsables politiques acceptent *volens nolens* la privatisation des grands groupes bancaires et industriels, la dérégulation des marchés financiers, la libre circulation des capitaux, des technologies et des personnes, ce qui permet notamment de flexibiliser la gestion des ressources humaines. Convaincus que l'État-providence et le keynésianisme appartiennent définitivement au passé, certains intellectuels remettent en question la politique fiscale, la redistribution, les

---

[1] COTTA, Michèle, *Comment en est-on arrivé là ?*, Paris, Robert Laffont, 2016, p. 444.

prérogatives des services publics et des institutions en charge de la protection sociale. Tout ce qui gêne le libre-échange, la concurrence et la financiarisation de l'économie est accusé de brider la croissance, de limiter la création de richesses et d'empêcher une amélioration générale du niveau de vie. C'est dans ce contexte qu'Alain Minc invite à « une acceptation heureuse de la mondialisation[1] » en proposant de débarrasser la France de ses « pesanteurs sociales-démocrates[2] », d'accepter les bienfaits de l'économie de marché, de se préparer à « la fin du chômage[3] », de comprendre le caractère à la fois inévitable et vertueux du transfert des régimes de retraite à des fonds de pension, qui promettent la fortune aux personnes âgées.

Quelques décennies plus tard, l'illuminisme des prédictions ultralibérales disparaît devant les ravages provoqués par la désindustrialisation et les crises financières. Lorsqu'Emmanuel Macron accède à la fonction présidentielle, la population française souffre déjà de profondes frustrations et de multiples inégalités, dont les fractures sociales et territoriales sont les signes les plus visibles.

Les fractures sociales et territoriales

Depuis le milieu des années 1970, la fin du plein emploi s'est accompagnée d'une accélération de la tertiarisation de l'économie. Pendant que les délocalisations et les fermetures d'usines se multiplient, le développement des activités de service provoque une recomposition du monde du travail. Cette recomposition consiste plus exactement en une *polarisation* car, si elles

---

[1] MINC, Alain, *La Mondialisation heureuse*, Paris, Plon, 1997, p. 192.
[2] *Ibid.*, p. 247.
[3] *Ibid.*, p. 162.

prennent en partie le relais de l'industrie dans les créations d'emplois, les entreprises du secteur tertiaire font majoritairement appel, d'une part, à un encadrement diplômé et, d'autre part, à des salariés à bas niveaux de qualification. L'économiste Jean-Olivier Hairault confirme ainsi que « les emplois de la classe moyenne, ceux des ouvriers spécialisés et des employés de bureau disparaissent et la société se scinde en deux, se vidant en son centre par un phénomène de polarisation des emplois aux deux extrêmes du spectre des qualifications et des salaires[1] ».

La recomposition du monde du travail contribue *in fine* à une dislocation de la classe moyenne. La désindustrialisation provoque un fort recul quantitatif des emplois ouvriers tandis que les postes des niveaux de qualification intermédiaires disparaissent progressivement des organisations en se voyant remplacer par des solutions informatisées. En conséquence, la classe moyenne tend effectivement à se scinder entre des métiers peu qualifiés de prestataires de service et des postes évoluant vers des fonctions d'encadrement. Cette scission est accélérée par le basculement vers l'économie de la connaissance, qui amène les entreprises à favoriser le recrutement et la fidélisation de personnes diplômées qui, grâce à leurs aptitudes intellectuelles, sont capables de se former *tout au long de la vie* et de s'adapter aux évolutions imposées par des réorganisations récurrentes.

La dislocation de la classe moyenne entraîne d'importantes mutations sociodémographiques. Les grandes villes rassemblent une proportion croissante de la population en attirant les activités de service et, par conséquent, les salariés les plus diplômés pendant que les employés peu qualifiés s'installent dans les banlieues.

---

[1] HAIRAULT, Jean-Olivier, *Ce modèle social que le monde ne nous envie plus*, Paris, Albin Michel, 2015, p. 11.

Cette concentration provoque une fracture entre les métropoles et le reste du pays. Pour Christophe Guilluy, il est désormais nécessaire de « s'affranchir des représentations sociales traditionnelles[1] » pour pouvoir expliquer comment la dislocation de la classe moyenne conduit à « l'émergence d'une contre-société sur les territoires éloignés des grandes métropoles[2] ». En recourant à des indicateurs sur les catégories socioprofessionnelles, les différents types de contrats de travail, le taux de chômage, le temps de travail et les revenus, le géographe parvient à distinguer deux ensembles : « France des métropoles et France périphérique[3] ». Dans les métropoles et leurs banlieues, une importante population de cadres habite à proximité de quartiers populaires, où vit la main-d'œuvre peu qualifiée, mais le dynamisme économique fait que le niveau du chômage est relativement faible et que la cohabitation sociale et culturelle est acceptée. À l'inverse, la périphérie rassemble les villes moyennes, les petites villes et les zones rurales qui font face à un ralentissement économique durable, à un développement massif du chômage et de la précarité et, par conséquent, à des niveaux de vie de plus en plus faibles. Victime de la désindustrialisation, elle rassemble encore près de 60 % de la population mais constitue aujourd'hui « la France des fragilités sociales[4] », « des territoires condamnés et des populations inutiles[5] ».

Les fractures sociales et territoriales ont des conséquences politiques considérables. Différentes études

---

[1] GUILLUY, Christophe, *La France périphérique*, Paris, Flammarion, 2014, p. 16.

[2] *Ibid.*, p. 15.

[3] *Ibid.*, p. 87.

[4] *Ibid.*, p. 24.

[5] *Ibid.*, p. 49.

constatent notamment que, dans les villes moyennes, les petites villes et les zones rurales, l'abstentionnisme et les votes pour les partis extrémistes n'ont cessé d'augmenter depuis plusieurs années, alors que les partis traditionnels ne mobilisent plus que dans les métropoles, où leurs électorats sont considérés comme les « gagnants de la mondialisation[1] ». Il se déduit de cette situation que le pays est désormais traversé par une « fracture culturelle[2] » dans laquelle les milieux favorisés semblent trop repliés dans « les quartiers boboïsés des grandes métropoles[3] » pour être conscients de certains problèmes.

La crise des Gilets jaunes

Le 17 novembre 2018, plus de 280 000 personnes vêtues de gilets de sécurité prennent position sur des ronds-points, aux entrées de plusieurs centres commerciaux et à des péages autoroutiers, dans l'ensemble du territoire. Cette mobilisation marque le début du mouvement des Gilets jaunes. Deux semaines plus tard, 136 000 personnes sont encore mobilisées et le mouvement tourne à l'émeute dans le huitième arrondissement de Paris, où le boulevard des Champs-Élysées et la place de l'Étoile sont vandalisés. La mobilisation devient une crise, « un processus semi-insurrectionnel[4] », qui trouve son origine immédiate dans la demande de retrait d'un projet de loi prévoyant une augmentation des taxes sur l'essence, le fuel et le gasoil.

Le pouvoir exécutif réagit d'abord avec fermeté en refusant le retrait du projet de loi. Cette première réaction

---

[1] *Ibid.*, p. 80.
[2] *Ibid.*, p. 87.
[3] *Ibid.*, p. 133.
[4] TODD, Emmanuel, *Les Luttes de classes en France au XXIe siècle*, Paris, Seuil, 2020, p. 284.

est lourde de conséquences. Les commentaires emportés des Gilets jaunes laissent entendre que les responsables politiques ignorent tout des difficultés des classes populaires, qui sont bien incapables d'assumer une hausse des prix des carburants. La situation est vite difficile à assumer pour le gouvernement : l'opinion apporte un soutien massif à la contestation, l'élite politique parisienne passant pour être arrogamment donneuse de leçons au peuple des provinces en souffrance. Accusé de ne pas comprendre la gravité de la situation, Emmanuel Macron devient *ipso facto* le principal bouc émissaire des manifestants.

Après avoir notamment réussi à engager une réforme du Code du travail, une réforme de la formation professionnelle puis une réforme ferroviaire, le gouvernement n'a pas anticipé que le projet de loi relatif à la « taxe carbone » allait provoquer une crise aussi violente, bien que des études sociologiques aient alerté sur les difficultés croissantes d'une partie des ménages, qui « vivent désormais sur les territoires les plus éloignés des zones d'emplois les plus actives et où le maillage en transports publics est le plus faible[1] ».

Les causes profondes de cette crise font toujours l'objet de vifs débats, mais il est assez unanimement reconnu qu'une majorité de Français semble avoir atteint une limite dans l'acceptation des fractures sociales et territoriales. Non seulement le pays se subdivise de plus en plus nettement entre des agglomérations dynamiques et des territoires en voie de décrochage, mais les classes populaires continuent de subir à la fois un tassement du pouvoir d'achat depuis la mise en circulation de l'euro,

---

[1] GUILLUY, Christophe, *La France périphérique*, Paris, Flammarion, 2014, p. 121.

une profonde « anxiété socio-économique[1] » liée à la persistance du chômage et à la peur du « déclassement social[2] », le déclin d'une culture républicaine de *méritocratie* compte tenu des difficultés d'accès aux études supérieures et à la formation professionnelle. L'accumulation de ces désavantages donne l'impression de vivre « dans un contexte où la paralysie économique a bloqué toute mobilité sociale et accentué les inégalités[3] ». Elle pousse à remettre en question la représentativité, la légitimité et même les compétences des élites, qui sont à la tête des partis politiques, des administrations publiques et des grandes entreprises.

La soudaineté de la crise peut aussi s'expliquer par la faiblesse des corps intermédiaires. La mobilisation des Gilets jaunes suscite une forme de sidération, une certaine réserve puis un réel embarras au sein des confédérations syndicales et des partis politiques, qui se montrent rapidement incapables de canaliser le mouvement, d'en contenir la violence, d'en discerner les revendications, de jouer un rôle de médiation et de négociation avec le gouvernement. Après une accumulation de malentendus, il est décidé d'arrêter le processus législatif prévoyant de réviser la taxation sur les carburants le 4 décembre 2018. Six jours plus tard, une série de mesures sociales est annoncée en vue d'améliorer le pouvoir d'achat des personnes à bas niveaux de revenu. Emmanuel Macron lance ensuite un *grand débat national* pour montrer qu'il veut être davantage à l'écoute de l'opinion publique et des élus locaux. La mobilisation des Gilets jaunes faiblit, mais se poursuit. Le 25 avril 2019, des mesures fiscales sont prises pour réduire l'impôt sur le revenu et alléger les

---

[1] TODD, Emmanuel, *Les Luttes de classes en France au XXIe siècle*, Paris, Seuil, 2020, p. 195.
[2] *Ibid.*, p. 122.
[3] *Ibid.*, p. 79.

cotisations pesant sur les retraites. La crise s'éteint lentement, mais elle envoie un message menaçant : désormais, plus aucune réforme n'est facilement envisageable. La situation devient donc délicate pour le pouvoir en place, qui s'apprête à annoncer une remise à plat de l'ensemble du système des retraites.

La fusion de l'AGIRC et de l'ARRCO

Avant que le gouvernement n'ait à faire face au mouvement des Gilets jaunes, les partenaires sociaux engagent un audacieux processus de rapprochement puis de fusion des régimes de retraite complémentaire. Ce processus se fait par étapes et après la signature de plusieurs accords nationaux interprofessionnels, parmi lesquels ceux du 30 octobre 2015 et du 17 novembre 2017 sont les plus importants.

Vers un nouveau régime unifié de retraite complémentaire

Après plusieurs séances de travail et de négociation, les représentants du MEDEF, de la CGPME et de l'UPA signent un accord avec ceux de la CFDT, de la CFTC et de la CFE-CGC le 30 octobre 2015. Dès le préambule est affirmée la volonté commune de poser « les bases d'un nouveau régime unifié de retraite complémentaire », ce qui annonce la fusion prochaine de l'AGIRC et de l'ARRCO. Cette volonté est confirmée à l'article 10-1, qui précise que l'entrée en vigueur du régime unifié est prévue pour le 1er janvier 2019. Pour que les salariés ne soient pas défavorisés, il est entendu que le régime unifié « reprendra l'ensemble des droits et obligations des régimes de retraite complémentaire AGIRC et ARRCO ». Les modalités de reprise des droits doivent être étudiées et préparées par un groupe de travail paritaire.

Les signataires s'entendent pour conserver les principes fondateurs des régimes de retraite complémentaire. L'accord stipule ainsi que la gouvernance du régime unifié « relève de la compétence des organisations de salariés et d'employeurs représentatives au niveau national et interprofessionnel », que le régime est « fondé sur les principes de contributivité, de lisibilité et de solidarité » et qu'il « s'appuie sur la solidarité interprofessionnelle et intergénérationnelle en vertu de laquelle les cotisations des actifs financent chaque année le service des pensions des retraités ».

Comme pour l'AGIRC et l'ARRCO, les recettes du régime unifié restent les cotisations et les charges collectées auprès des salariés et de leurs employeurs. Ces cotisations sont calculées en plusieurs tranches, en fonction du montant total brut de chaque salaire perçu. Le calcul en plusieurs tranches n'empêche pas que « les cotisations dues au régime de retraite complémentaire sont prises en charge par l'employeur à hauteur de 60 % et par le salarié à hauteur de 40 % ».

Les principales dépenses restent évidemment les pensions de retraite. Leurs montants dépendent, d'une part, du nombre de points acquis par chaque salarié durant sa carrière et, d'autre part, de la valeur de service du point de retraite. L'acquisition des points est inscrite au compte de chaque salarié. La valeur de service du point est déterminée par les partenaires sociaux, en fonction du taux d'évolution du salaire moyen. Si une revalorisation est décidée, elle prend effet le 1er novembre. Pour percevoir les pensions, les salariés doivent satisfaire les conditions d'obtention d'une retraite à taux plein dans les régimes de base. L'accord prévoit qu'un prélèvement dit « coefficient de solidarité » est fait sur la pension jusqu'à ce que le retraité ait atteint l'âge de soixante-sept ans, sauf s'il a continué à travailler pendant « au moins huit trimestres calendaires, au-delà de la date à laquelle » il a satisfait aux « conditions d'obtention du taux plein » dans son régime de base. L'article 12-2 précise que le coefficient de solidarité n'est pas appliqué lorsque le retraité a un niveau de revenu particulièrement bas, lorsqu'il est handicapé ou s'il a été exposé à l'amiante durant sa carrière professionnelle.

Les autres dépenses correspondent aux réserves de financement. Ces réserves sont des fonds que les partenaires sociaux prévoient de mettre de côté pour pouvoir assurer l'équilibre financier du régime unifié en cas de dégradation de la situation démographique, économique ou sociale. Ces fonds doivent permettre de « disposer, à tout moment, d'une réserve équivalant à six mois de prestations ». L'article 10-8 prévoit que les réserves déjà constituées par les régimes AGIRC et ARRCO soient transférées au régime unifié « au 1er janvier 2019 ».

L'accord impose une « contrainte d'équilibre financier global ». Cette contrainte consiste en un « pilotage pluriannuel » des recettes et des dépenses, mais aussi en une « gestion efficiente » requérant « des actions en faveur de la réduction des coûts de gestion ». Le pilotage pluriannuel est « fondé sur des objectifs explicites et des indicateurs pertinents en vue d'assurer la pérennité de la retraite complémentaire ». Il doit s'accompagner d'un « pilotage stratégique » grâce auquel les organisations patronales et les confédérations syndicales renégocient périodiquement les conditions du maintien ou du retour à l'équilibre budgétaire du régime unifié.

L'accord national interprofessionnel du 17 novembre 2017

L'institution du régime unifié « à effet du 1er janvier 2019 » est confirmée par l'accord national interprofessionnel signé le 17 novembre 2017 par les représentants du MEDEF, de la CPME, de l'U2P, de la CFDT, de la CFTC et de la CFE-CGC. Comme dans le précédent accord, les partenaires sociaux rappellent *ad litteram* leurs prérogatives en affirmant, dès le préambule, que la gestion du régime unifié « relève de la compétence des organisations d'employeurs et de salariés représentatives au niveau national et interprofessionnel ». Ils rappellent également que ce régime « est fondé sur les principes de contributivité, de lisibilité », qu'il « s'appuie sur la solidarité interprofessionnelle et intergénérationnelle en vertu de laquelle les cotisations des actifs financent chaque année le service des pensions des retraités ».

Le régime unifié est défini comme une fédération, qui « regroupe les institutions de retraite complémentaire » et « veille à la défense des intérêts matériels et moraux » de ces institutions « dans le respect des décisions des partenaires sociaux ». Les principales structures de gouvernance de cette fédération sont le conseil d'administration et l'assemblée générale. Composé à parts égales de représentants des employeurs et de représentants des salariés, le conseil d'administration est chargé de faire appliquer, d'une part, les orientations stratégiques et, d'autre part, le « pilotage tactique » du régime unifié. Les orientations stratégiques « sont définies tous les quatre ans par accord entre les organisations d'employeurs et de salariés représentatives », chaque accord fixant les conditions de l'équilibre budgétaire, notamment le taux de calcul des points, le taux d'appel des cotisations, la valeur d'achat du point et le niveau des réserves de financement.

Le « pilotage tactique » repose sur des décisions arrêtées annuellement pour mettre en œuvre les orientations stratégiques. Le conseil d'administration rend compte de ses activités devant l'assemblée générale, qui « est l'instance représentative des employeurs adhérents et des salariés participants des institutions de retraite complémentaire membres de la fédération ». Le conseil d'administration et l'assemblée générale ont une mission particulière de vigilance sur les comptes. Pour garantir autant que possible l'équilibre budgétaire, un « contrat d'objectifs et de moyens » est passé entre chaque institution de retraite complémentaire et la fédération.

Les recettes du régime unifié restent celles qui ont été établies par l'accord national interprofessionnel du 30 octobre 2015, c'est-à-dire les cotisations et les charges collectées auprès des salariés et de leurs employeurs. L'article 30 précise que l'adhésion à la retraite complémentaire s'impose non seulement aux salariés, mais aussi aux statuts particuliers des artistes du spectacle, des mannequins, des personnels des centres de vacances, des « formateurs occasionnels », des vendeurs à domicile, des porteurs de presse, des sportifs professionnels et des salariés détachés ou expatriés. Les cotisations sont calculées en référence à deux tranches de rémunérations appelées « T1 » et « T2 », situées chacune en dessous et au-dessus du montant du plafond de la Sécurité sociale. L'article 38 rappelle que les cotisations dues « sont prises en charge par l'employeur à hauteur de 60 % et par le salarié à hauteur de 40 % ». Ces cotisations permettent toujours d'acquérir des points crédités sur un compte individuel. L'article 52 précise que le passage au régime unifié implique que « les points ARRCO » et « les points AGIRC » sont convertis à parité dans le régime unifié. Sous certaines conditions, il est possible de continuer à accumuler des points pendant les périodes d'incapacité de travail, d'activité partielle, de chômage ou de congé de reclassement.

De même, les principales dépenses du régime unifié restent celles qui ont été prévues par le précédent accord national interprofessionnel. Les montants des pensions versées aux retraités dépendent toujours, d'une part, du nombre de points acquis durant la carrière et, d'autre part, de la valeur de service du point de retraite. Il reste convenu que la valeur de service du point peut être revalorisée par les partenaires sociaux le 1er novembre de chaque année. L'article 84 rappelle que tout salarié peut bénéficier d'une pension du régime unifié à partir de « l'âge auquel il a obtenu la pension d'assurance vieillesse du régime général ». S'il décide de partir à la retraite avant cet âge, le salarié voit s'appliquer une décote appelée « coefficient d'anticipation viager » aux points de retraite inscrits sur son compte. Des majorations sont applicables, notamment à ceux qui ont travaillé plusieurs trimestres au-delà de la date à laquelle ils ont satisfait aux conditions d'obtention du taux plein dans le régime de base et à ceux qui ont « eu ou élevé au moins trois enfants ». En outre, des pensions de réversion sont prévues pour « le conjoint survivant » d'un retraité décédé.

Un des intérêts de l'accord national interprofessionnel du 17 novembre 2017 est la création de plusieurs instances chargées d'éviter les litiges. L'accord prévoit ainsi d'instituer une commission paritaire, qui est chargée de solutionner les divergences d'interprétation susceptibles d'apparaître dans les modalités de fonctionnement du régime unifié. En référence à l'article 123, « un médiateur est nommé par le conseil d'administration de la fédération » pour traiter « les réclamations concernant les relations d'une institution de retraite complémentaire avec des salariés ou des retraités participants ou avec des entreprises adhérentes ».

Le projet de régime universel

Durant la campagne qui a précédé son élection à la présidence de la République, Emmanuel Macron n'a guère caché son intention de simplifier la gestion des retraites. Après la fusion de l'AGIRC et de l'ARRCO, le projet d'un régime universel est précédé de la promulgation de la loi PACTE dont plusieurs dispositions visent à simplifier et à rendre plus attractifs les produits d'assurance vie et d'épargne retraite.

La loi PACTE et les nouveaux dispositifs d'épargne retraite

Dès sa nomination au ministère de l'Économie et des Finances, Bruno Le Maire est chargé de travailler sur un vaste programme de modernisation du droit applicable aux entreprises. Après deux années de préparation, la loi PACTE est promulguée le 22 mai 2019. Elle comprend des dispositions très diverses, qui réforment partiellement le Code civil, le Code de commerce, le Code monétaire et financier, le Code de la Sécurité sociale et le Code du travail. Cette nouvelle loi vise à faire évoluer les obligations de certification légale des comptes, à alléger les formalités applicables en cas de fusion ou de scission de sociétés, à faciliter la création d'entreprise, à favoriser l'actionnariat des salariés et des dirigeants, mais plusieurs articles concernent spécifiquement les produits d'assurance vie et d'épargne retraite.

Dans l'éditorial du dossier de presse consacré au « lancement du plan épargne retraite », Bruno Le Maire s'exprime avec précaution en affirmant d'emblée que « l'épargne retraite supplémentaire n'a pas vocation à se substituer au régime de retraite par répartition qui demeurera le socle principal de la retraite des Français[1] ». Il n'en demeure pas moins que la loi PACTE ambitionne de développer l'épargne retraite en simplifiant et en fusionnant les dispositifs existants, issus des législations précédentes. Le ministère de l'Économie et des Finances déplore ainsi qu'auparavant, « l'offre était peu lisible et mal comprise, car chaque produit d'épargne retraite était régi par des règles et des fiscalités différentes[2] ». Pour corriger cela, la loi crée un nouveau plan d'épargne retraite, dont les règles de fonctionnement, les conditions d'utilisation et le rendement sont plus simples et meilleurs que ceux des autres dispositifs. Deux types de plan d'épargne retraite sont possibles : le plan d'épargne retraite individuel et le plan d'épargne retraite d'entreprise. La loi permet ainsi à chacun de « développer une épargne retraite à titre individuel ou dans un cadre professionnel[3] ».

Pour rendre plus attractifs les produits d'épargne retraite, la loi PACTE en développe la *portabilité*. Un salarié ayant commencé à placer sur un PERCO peut ainsi voir son épargne être intégralement transférée à un plan d'épargne retraite d'entreprise collectif, sous réserve que l'employeur ait préalablement négocié avec les organisations syndicales. Le transfert peut également concerner des placements faits en assurance vie. Sous certaines conditions, un abattement fiscal est possible et les frais de transfert sont strictement encadrés. Lors du départ en retraite, l'épargne accumulée peut être retirée « en capital ou en rente[4] ».

---

[1] *Lancement du plan épargne retraite*, Paris, Ministère de l'Économie et des Finances, 2019, p. 4.
[2] *Ibid.*, p. 9.
[3] *Ibid.*, p. 10.
[4] *Ibid.*, p. 18.

La mission de concertation du Haut-commissaire à la réforme des retraites

Né dans le Pas-de-Calais en 1947, Jean-Paul Delevoye connaît parfaitement les arcanes de la vie politique française. Maire de Bapaume à partir de 1982, il est élu député en 1986 et sénateur en 1992. Après avoir été membre du RPR puis de l'UMP, il a présidé la très influente Association des maires de France avant d'assurer la présidence du CESE en 2010. Il est nommé Haut-commissaire à la réforme des retraites le 14 septembre 2017. Dans les mois qui suivent, il engage des discussions avec les partenaires sociaux. Par la suite, des ateliers participatifs sont organisés et une plateforme de participation citoyenne est activée pour collecter les avis et les suggestions des Français.

En juillet 2019, la mission de concertation s'arrête et Jean-Paul Delevoye présente le rapport *Pour un système universel de retraite*. Dans son éditorial, le Haut-commissaire rappelle avoir été « chargé, auprès de la ministre des Solidarités et de la Santé, de préparer la création du système universel de retraite en coordonnant les travaux nécessaires et en organisant la concertation avec les principaux acteurs[1] ». Il ajoute qu'à l'issue « des nombreux échanges », le rapport ambitionne de « contribuer à la construction de la protection sociale du XXIe siècle » malgré « le poids des solidarités professionnelles » qui imposent la coexistence de « nos 42 régimes de retraite[2] ». La synthèse introductive part du constat que « notre système de retraites offre un visage contrasté » puisqu'il suscite « de la défiance et de l'inquiétude » bien qu'il garantisse « à nos retraités un

[1] *Pour un système universel de retraite*, Paris, Haut-commissaire à la réforme des retraites, 2019, p. 4.
[2] *Ibid.*, p. 5.

niveau de vie satisfaisant, tant en comparaison du reste de la population française qu'au regard de la situation qui existe chez nos voisins européens[1] ».

La construction d'un système universel passe d'abord par la comptabilisation en points des droits à la retraite. Le rapport annonce que « les règles du système universel de retraite se substitueront aux règles applicables aux différents régimes de base et régimes complémentaires obligatoires actuels[2] ». Le projet emporte donc la disparition des régimes spéciaux, des régimes particuliers et du régime unifié issu de la fusion de l'AGIRC et de l'ARRCO. La comptabilisation en points est censée permettre une plus grande égalité dans l'accès à la retraite « puisque chaque euro cotisé conduira à l'acquisition du même nombre de points pour tous les assurés, quels que soient l'activité professionnelle, le statut ou la forme de l'exercice[3] ». Le rapport propose de ne pas interrompre l'acquisition de points durant les périodes de congé maternité, d'arrêt maladie, d'invalidité et de chômage, un Fonds de solidarité vieillesse universel devant être créé pour financer les coûts des points acquis pendant ces périodes.

À l'issue de la vie professionnelle, le montant de la pension dépendra du nombre de points acquis et de la valeur de service attribuée à chaque point. Le rapport propose d'indexer la valeur de service des points sur le taux de croissance du revenu moyen par tête en garantissant cependant que « la valeur du point ne pourra pas baisser[4] ». Il est également proposé de garantir une valeur minimale de la pension « égale à 85 % du SMIC net

---

[1] *Ibid.*, p. 6.
[2] *Ibid.*, p. 14.
[3] *Ibid.*, p. 17.
[4] *Ibid.*, p. 24.

pour la réalisation d'une carrière complète[1] » afin de ne pas défavoriser les travailleurs ayant touché de faibles revenus pendant leurs carrières. Les droits accumulés dans les régimes antérieurs à la réforme seront pris en compte. Pour garantir cette prise en compte, un *schéma de transition* est à préparer. Les points déjà accumulés dans le régime unifié issu de la fusion de l'AGIRC et de l'ARRCO seront convertis « en points du nouveau système, par une simple échelle d'équivalence[2] ».

Un taux de cotisation de 25,31 % est prévu pour le régime universel, 60 % de cette cotisation étant à la charge des employeurs et les 40 % restant à la charge des salariés. Lorsque la rémunération brute annuelle dépassera le montant de cent vingt mille euros, le taux de cotisation passera à 28,12 %. Pour les travailleurs indépendants de l'artisanat, du petit commerce, des exploitations agricoles et des professions libérales, un barème spécifique sera appliqué de façon progressive pour ne pas « remettre en cause l'équilibre économique de leur activité[3] ». Le contrôle du recouvrement des cotisations sera intégralement confié aux URSSAF et à l'ACOSS. Les services de contrôle des régimes autonomes et des régimes spéciaux sont donc appelés à disparaître.

Le rapport propose de fixer l'âge légal de départ à la retraite à soixante-deux ans, mais en ne donnant à cet âge légal qu'un caractère indicatif et facultatif puisque « le système universel incitera au prolongement de l'activité[4] ». Les salariés continuant à travailler au-delà de l'âge légal pourront accumuler des points et prétendre ensuite à une pension de retraite plus élevée. L'âge légal sera révisable en fonction de l'évolution de l'espérance de

---

[1] *Ibid.*, p. 53.
[2] *Ibid.*, p. 26.
[3] *Ibid.*, p. 37.
[4] *Ibid.*, p. 46.

vie dans le souci « d'équilibrer le financement des retraites, d'assurer la solidité du système et de garantir, à titre individuel, une retraite satisfaisante[1] ». Les travailleurs handicapés et les salariés ayant commencé à travailler avant l'âge de vingt ans se verront appliquer un âge légal de départ spécifiquement fixé à soixante ans. Pour les métiers particulièrement dangereux comme ceux des militaires, des policiers, des douaniers, des sapeurs-pompiers et des pêcheurs, un âge légal encore inférieur sera déterminé.

Dans le souci d'encourager la natalité et la solidarité, le rapport prévoit des dispositions particulières pour les parents et pour les personnes ayant aidé des proches. Il est ainsi prévu de majorer les pensions de 5 % par enfant. Cette majoration peut profiter à chacun des parents mais, « si aucune option n'est effectuée par les parents, ces droits seront automatiquement attribués à la mère[2] ». D'autres dispositions sont envisagées pour les personnes ayant aidé des proches en situation de perte d'autonomie. Ces personnes bénéficieront d'une garantie, grâce à laquelle elles se verront attribuer des points au titre des périodes pendant lesquelles elles ont aidé des proches.

En complément, le rapport propose de réviser et d'harmoniser les dispositions applicables aux pensions de réversion. S'il est déploré que les régimes en place imposent des modalités de calcul et de versement très disparates, il est surtout annoncé que « la mise en place du système universel permettra de créer un nouveau dispositif pour l'attribution des pensions de réversion qui mettra fin aux inégalités actuelles[3] ». La personne veuve conservera au moins 70 % des droits à la retraite dont bénéficiait le

[1] *Ibid.*, p. 47.
[2] *Ibid.*, p. 71.
[3] *Ibid.*, p. 75.

couple, sans avoir à satisfaire aucune condition de ressources.

Pour la gestion de l'ensemble des pensions du système universel, il est prévu de créer une Caisse nationale de retraite universelle. Cette caisse sera un établissement public dont la gouvernance incombera à un conseil d'administration paritaire. Le rapport propose que le conseil d'administration compte vingt-six membres avec, d'une part, treize « représentants des assurés désignés par les organisations syndicales de salariés représentatives au niveau national » et, d'autre part, treize « représentants des employeurs désignés aux niveaux national et interprofessionnel par les organisations professionnelles d'employeurs représentatives[1] », par les organisations professionnelles d'employeurs des activités agricoles et par le Conseil commun de la fonction publique. Sur la base de projections budgétaires et dans le cadre fixé par les lois de financement de la Sécurité sociale, le conseil d'administration pourra prendre des décisions concernant la revalorisation des retraites, la valeur du point, l'évolution de l'âge légal de départ et les taux des cotisations de manière à faire respecter la *règle d'or*, au nom de laquelle il devra être renoncé « à l'accumulation de déficits qui aboutissent à reporter sans cesse le fardeau sur les générations futures[2] ». Le conseil d'administration rapportera au gouvernement et à une assemblée générale, qui sera composée de quatre-vingts « représentants des organisations professionnelles, syndicales, familiales, des organisations représentatives des étudiants, des représentants des employeurs publics, des organismes gestionnaires de la retraite et des personnalités qualifiées[3] ». Aux côtés du conseil d'administration et de

[1] *Ibid.*, p. 89.
[2] *Ibid.*, p. 110.
[3] *Ibid.*, p. 91.

l'assemblée générale, un comité d'expertise indépendant assurera un suivi de la situation budgétaire du régime universel. Il remplacera le COR et le CSR.

Le rapport exprime le souci d'établir des relations constructives avec les retraités et les salariés. À cet effet, il est prévu de mettre en place un Conseil citoyen des retraites, qui pourra émettre des propositions d'évolution du régime universel. En cas de litige, tout retraité pourra contacter un médiateur local. Chacun des médiateurs locaux rapportera à un médiateur national.

D'une crise sociale à une crise sanitaire

Les propositions du Haut-commissaire à la réforme des retraites sont complétées par un rapport réalisé par la Cour des comptes à la demande de la commission des affaires sociales de l'Assemblée nationale. Terminé en juin 2019, ce rapport constate la persistance d'écarts significatifs entre, d'une part, les retraités des régimes spéciaux et, d'autre part, ceux du secteur privé et de la fonction publique. La Cour des comptes en déduit que les réformes engagées à partir de 2007 n'empêchent pas « le maintien d'avantages issus de conditions historiques, parfois très anciennes[1] » dans les régimes spéciaux. Le rapport pointe notamment « des âges d'ouverture des droits précoces[2] », « de moindres cotisations dues[3] », des modalités de calcul des pensions « en pratique plus favorables[4] », des « avantages en nature liés aux statuts[5] » tels que la gratuité des transports ou la pratique de tarifs réduits pour

[1] *Les régimes spéciaux de retraite de la RATP, de la SNCF et des industries électriques et gazières*, Paris, Cour des comptes, 2019, p. 16.
[2] *Ibid.*, p. 28.
[3] *Ibid.*, p. 31.
[4] *Ibid.*, p. 30.
[5] *Ibid.*, p. 41.

l'électricité et le gaz. De surcroît, la Cour des comptes relève que les régimes spéciaux bénéficient de financements publics, qui prennent la forme de subventions ou de contributions tarifaires. En 2017, ces financements ont représenté 28 % des ressources du régime des industries électriques et gazières, 59 % des ressources de la CRPRATP et jusqu'à 62 % des ressources de la CPRPSNCF. En conséquence, la Cour des comptes recommande d'améliorer la transparence des financements et d'accélérer la convergence des régimes spéciaux vers ceux des fonctionnaires et des salariés du secteur privé.

Pour conduire la réforme, le gouvernement doit préparer un projet de loi puis laisser au Parlement le temps de l'analyser. La sensibilité et la complexité du projet poussent le président de la République à nommer Jean-Paul Delevoye Haut-commissaire aux retraites, délégué auprès de la ministre Agnès Buzyn le 3 septembre 2019.

Quelques semaines seulement après la nomination de Jean-Paul Delevoye, la CGT, la FSU, Solidaires et FO préparent un mouvement intersyndical. La première journée de manifestations a lieu le 5 décembre. Les sources sont discordantes, mais il est reconnu que cette journée mobilise au moins neuf cent mille personnes dans l'ensemble de la France. Si une grande partie des agents de la SNCF, de la RATP et d'Enedis manifestent, l'ampleur du mouvement au sein du ministère de l'Éducation nationale interpelle particulièrement les commentateurs, qui ne s'attendaient pas à voir autant d'enseignants se joindre aux conducteurs, aux aiguilleurs et aux contrôleurs. Une deuxième journée de manifestations se déroule le 10 décembre et rassemble environ quatre cent mille personnes. Malgré l'affaiblissement de la mobilisation, Édouard Philippe annonce que le gouvernement est disposé à discuter d'un certain nombre d'ajustements avec les partenaires sociaux.

Cette annonce ne convainc pas et, le 17 décembre, une troisième journée de manifestations rassemble plus de sept cent mille personnes avec, cette fois-ci, le renfort de syndicalistes de la CFE-CGC dont les dirigeants ont décidé de rejoindre le mouvement intersyndical. Les agents de la SNCF et de la RATP multiplient les débraillages pendant la période des vacances de fin d'année. La reprise de la mobilisation intervient surtout lors de la quatrième journée de manifestations, qui rassemble plus de cinq cent mille personnes le 9 janvier 2020. Les manifestations recommencent le 11 janvier, le 16 janvier, le 24 janvier puis le 29 janvier. Entretemps, le Conseil des ministres adopte, d'une part, un projet de loi organique et, d'autre part, un projet de loi ordinaire instituant un système universel de retraite. Les deux projets de loi sont ensuite communiqués aux parlementaires. Au début du mois de février, une commission spéciale est constituée à l'Assemblée nationale pour examiner les textes. Les députés des partis d'opposition déposent plus de soixante-quinze mille amendements, ce qui pousse Édouard Philippe à annoncer, le 29 février, l'application des dispositions de l'article 49-3 de la Constitution. Le 4 mars, les projets de loi sont adoptés par une majorité des députés.

L'adoption des projets de loi laisse une profonde amertume non seulement au sein des confédérations syndicales mais aussi chez une majorité des Français, qui continuent à soutenir les grévistes dans les enquêtes d'opinion. L'impopularité de la réforme est malencontreusement entretenue par quelques maladresses. Il est ainsi révélé que Jean-François Cirelli fait partie des personnes listées sur la promotion civile de la Légion d'honneur. L'homme qui s'apprête à passer du grade de chevalier à celui d'officier est connu pour diriger la filiale française du groupe américain BlackRock. Avec un effectif de seize mille salariés, ce groupe compte vingt-cinq centres d'investissement dans le monde. Parmi les services financiers qu'il propose, certains concernent la mise en place de fonds de pension. Il n'en faut pas plus pour que certains commentateurs laissent entendre que l'ambition véritable de la réforme serait de substituer progressivement des produits de capitalisation aux régimes par répartition.

Dans les derniers mois de l'année 2019, les autorités chinoises ont signalé l'apparition d'un virus mortel. La propagation de ce virus devient une pandémie mondiale durant le premier trimestre de l'année 2020. Compte tenu de la situation sanitaire, Emmanuel Macron annonce, le 16 mars, le confinement de la population sur l'ensemble du territoire. Cette annonce entraîne l'arrêt des travaux parlementaires et, par conséquent, l'interruption du processus législatif concernant la réforme des retraites. Elle entraîne également un report du second tour des élections municipales, dont le premier tour s'est déroulé le 15 mars. Le second tour est finalement organisé le 28 juin. Il donne lieu à une forte abstention, mais aussi à une sanction du pouvoir en place, qui est perçu comme trop peu à l'écoute des partenaires sociaux. Cette perception conduit le président de la République à procéder à un remaniement ministériel. Le 3 juillet, Édouard Philippe démissionne et Jean Castex est choisi pour lui succéder à la tête du gouvernement. Olivier Véran reste ministre des Solidarités et de la Santé. Élisabeth Borne devient ministre du Travail, de l'Emploi et de l'Insertion. Quelques semaines plus tard, Laurent Pietraszewski est nommé secrétaire d'État aux Retraites et à la Santé au travail.

La pandémie provoquée par le virus chinois entraîne une brutale récession économique à travers le monde. Comme beaucoup de pays, la France enregistre d'importantes destructions d'emplois, en particulier dans les secteurs de la restauration, de l'hôtellerie, du tourisme, de la culture et du commerce de détail. L'augmentation du chômage devient la première des préoccupations sociales. Le 14 juillet, alors qu'il est interrogé sur la poursuite de la réforme des retraites, Emmanuel Macron signifie qu'il n'entend pas « abandonner totalement » cette réforme, mais qu'il prévoit d'en reporter la mise en œuvre pour laisser le temps de « la remettre à la discussion et à la concertation ». Le lendemain, Jean Castex fait sa déclaration de politique générale à l'Assemblée nationale. Il reconnaît que « les pertes d'emploi, les plans sociaux, les faillites d'entreprises sont malheureusement des réalités que nous constatons déjà » et qu'il est devenu primordial de refonder « la confiance du peuple en ses élites ». Le Premier ministre prône « une démocratie apaisée » et loue les « vertus du dialogue social ». Il annonce un plan de relance économique, un « plan pour la jeunesse » et des actions de soutien à la transition écologique. Il défend le projet de régime universel de retraite, qu'il considère comme « un système plus juste et plus équitable, notamment pour les femmes et pour les travailleurs modestes ». Il ajoute que « cela implique clairement la disparition à terme des régimes spéciaux » tout en admettant que « les modalités de cette réforme ont généré de l'inquiétude et de l'incompréhension » et que de nouveaux échanges sont nécessaires.

À la fin du mois de juillet, Jean Castex organise une conférence de dialogue social à l'issue de laquelle il est confirmé que le projet de système universel de retraite est reporté *sine die*. Quelques mois plus tard, Élisabeth Borne annonce une réforme de l'assurance chômage en prenant la précaution de rappeler que les discussions concernant les retraites ne sont pas à l'ordre du jour.

Rendez-vous après l'élection présidentielle

À la fin du premier semestre de l'année 2021, Emmanuel Macron fait savoir qu'une réforme est de nouveau envisagée mais qu'elle n'ira pas forcément jusqu'à la mise en place d'un régime universel. Le président de la République légitime sa volonté réformatrice par un rapport que la Cour des comptes présente le 14 juin et dans lequel elle constate que la crise sanitaire a conduit à une « dégradation des finances publiques », « à une hausse du chômage et à une baisse de la participation au marché du travail[1] » malgré d'importantes mesures de soutien. Le rapport invite à faire des économies budgétaires pour que le poids de la dette publique reste soutenable. La Cour des comptes insiste tout particulièrement sur la nécessité d'équilibrer « de façon pérenne[2] » le financement des retraites en repoussant l'âge d'ouverture des droits, en modifiant les modalités de calcul des pensions et en ayant une prise en compte « plus étroite[3] » des facteurs de pénibilité.

En complément des travaux de la Cour des comptes, les professeurs Olivier Blanchard et Jean Tirole remettent un rapport consacré aux « grands défis économiques » le 23 juin. Ce rapport fait des recommandations très diverses aussi bien sur les questions liées au réchauffement climatique qu'à celles qui ont trait « aux inégalités et à l'insécurité économiques[4] », mais la partie consacrée aux retraites retient particulièrement l'attention. Compte tenu des évolutions démographiques et, en particulier, de

---

[1] *Une stratégie de finances publiques pour la sortie de crise*, Paris, Cour des comptes, 2021, p. 10.
[2] *Ibid.*, p. 16.
[3] *Ibid.*, p. 140.
[4] Commission internationale présidée par Olivier Blanchard et Jean Tirole, *Les grands défis économiques*, Paris, France Stratégie, 2021, p. 9.

l'augmentation de l'espérance de vie, les économistes font des propositions très proches de celles de la mission de concertation du Haut-commissaire à la réforme des retraites. Ils recommandent notamment la mise en œuvre d'une réforme systémique prévoyant « la transformation du système actuel, complexe et fragmenté, en un système universel par points[1] ». Ils suggèrent de renoncer au principe d'un âge de départ de référence pour que chaque actif décide plus librement du moment auquel il souhaite arrêter sa carrière professionnelle en bénéficiant éventuellement d'incitations financières en cas de prolongation d'activité. Ils conseillent d'accroître les dotations du Fonds de réserve pour les retraites, mais de ne pas augmenter le niveau des cotisations qui est « déjà très élevé et susceptible de décourager l'offre de travail[2] ». Le rapport invite *in fine* à repenser les stratégies de lutte contre le chômage pour « maintenir les travailleurs expérimentés dans l'emploi » et faciliter « la réembauche des seniors[3] » grâce à une plus grande « disponibilité d'emplois à temps partiel[4] », au recours à la formation professionnelle et à des interventions efficaces pour la santé au travail.

Une série de réunions avec les représentants des partenaires sociaux est organisée au palais de l'Élysée le 6 juillet. Les confédérations syndicales y expriment unanimement une virulente opposition au principe même d'une réforme. Cette opposition incite à la prudence mais, le 12 juillet, dans une allocution télévisée, Emmanuel Macron annonce quand même son intention d'engager la réforme « dès que les conditions sanitaires seront réunies ». S'il explique que, « parce que nous vivons plus

---

[1] *Ibid.*, p. 441.
[2] *Ibid.*, p. 444.
[3] *Ibid.*, p. 455.
[4] *Ibid.*, p. 457.

longtemps, il nous faudra travailler plus longtemps et partir à la retraite plus tard », le président de la République indique surtout qu'il n'a pas renoncé à supprimer les régimes spéciaux pour « aller vers plus de simplicité pour plus de justice ».

Au début du mois de septembre, une nouvelle série de réunions est organisée. À cette occasion, les représentants des partenaires sociaux confirment leur opposition au projet de réforme. Le 9 novembre, Emmanuel Macron annonce le report du projet en expliquant que « la situation sanitaire que nous vivons et qui est en train de se dégrader partout en Europe, le souhait unanime exprimé par les organisations syndicales et professionnelles de concentrer les efforts sur la reprise, le besoin de concorde dans ce moment que vit notre nation font que les conditions ne sont pas réunies pour relancer aujourd'hui ce chantier ». Le chef de l'État précise que « pour autant, notre volonté de sauver notre modèle par répartition et d'en corriger les inégalités n'a pas changé ». Dans la suite de son intervention, il reprend certaines des recommandations faites par le Haut-commissaire à la réforme des retraites en juillet 2019 en indiquant que « dès 2022, il faudra, pour préserver les pensions de nos retraités et la solidarité entre nos générations, prendre des décisions claires » et que ces décisions se référeront à « des principes simples : travailler plus longtemps en repoussant l'âge légal, aller vers un système plus juste en supprimant les régimes spéciaux, en harmonisant les règles entre public et privé, et en faisant en sorte qu'au terme d'une carrière complète, aucune pension ne puisse être inférieure à mille euros, aller enfin vers plus de liberté, c'est-à-dire permettre de partir en retraite progressivement, d'accumuler des droits plus rapidement pour celles et ceux qui le souhaitent, d'encourager le travail au-delà de l'âge légal aussi pour celles et ceux qui en ont envie ».

L'annonce du président de la République suscite peu de commentaires au sein des confédérations syndicales et des organisations patronales. Parmi les éditorialistes politiques, les réactions sont partagées. Certains se contentent de noter que « la réforme est renvoyée au débat présidentiel[1] ». D'autres se permettent d'affirmer qu'Emmanuel Macron a eu « une forme de peur face aux difficultés annoncées ou aux réactions redoutées[2] », alors que la presse régionale souligne, au contraire, qu'il a courageusement commencé à dévoiler « les grandes lignes de son programme de futur candidat avec un mantra assumé : travailler plus[3] ».

La question cruciale de l'emploi des seniors

Déjà traversée par des fractures sociales et territoriales, la population française est aussi de plus en plus marquée par une fracture générationnelle. Il est sommairement considéré que les salariés les plus âgés sont d'abord et avant tout les plus coûteux, ce qui s'explique d'ailleurs par le simple fait que les années de travail permettent de bénéficier d'un cumul d'augmentations salariales et de revalorisations des primes d'ancienneté en application des accords d'entreprise et des conventions collectives. Ces considérations sur les salariés âgés s'expliquent aussi par les politiques publiques pratiquées depuis le début des années 1970 : le recours aux conventions de préretraite, la création du régime de garantie de ressources puis l'abaissement de l'âge de la retraite à soixante ans

---

[1] CORNUDET, Cécile, La dose de rappel macronienne, *Les Échos*, n° 23 577, 10 novembre 2021, p. 2.

[2] TABARD, Guillaume, Cap à droite en vue de 2022, *Le Figaro*, n° 24 019, 10 novembre 2021, p. 2.

[3] BÉCU, Élodie, Retraites : « travailler plus longtemps », après l'élection, *Le Progrès*, 10 novembre 2021, p. 3.

continuent à légitimer certains stéréotypes selon lesquels « passé un certain âge, le salarié devient un coût, un poids[1] » dont il convient de se délester. Il n'est donc guère étonnant que, dans une note publiée au début de l'année 2021, l'OCDE ait à déplorer que « seul un peu plus d'un senior sur deux travaille[2] » en France, ce qui est très inférieur à la moyenne des autres pays européens. Cette faiblesse du taux d'emploi des salariés âgés a été signalée à maintes reprises mais, compte tenu de la nécessité de repousser l'âge de départ à la retraite, la fragilisation des fins de carrière préoccupe forcément les responsables politiques, les partenaires sociaux et, bien sûr, les salariés.

Depuis quelques années, plusieurs publications alertent sur la dégradation de la gestion des fins de carrière. Un rapport remis au gouvernement le 14 janvier 2020 par Sophie Bellon, Olivier Mériaux et Jean-Manuel Soussan fait un point très complet sur la question et s'avère, par conséquent, d'un intérêt particulier. Sans surprise, ce rapport reconnaît que le taux d'emploi des seniors est plus faible que celui des autres actifs. Il relève surtout que les situations de chômage sont devenues massives en indiquant, par exemple, « qu'un peu plus de la moitié seulement des retraités de la génération née en 1946 étaient dans une situation principale d'emploi l'année précédant leur départ en retraite[3] ». En comparaison avec le reste des actifs, « les chômeurs seniors connaissent des difficultés plus importantes de retour à l'emploi[4] » après

---

[1] GANNEVAL, Romane, Travail des seniors, les paradoxes français, *La Croix*, n° 41 511, 19 septembre 2019, p. 2.

[2] *Les retraites en France et à l'étranger : 7 indicateurs clés*, Paris, OCDE, 2021, p. 4.

[3] BELLON, Sophie, MÉRIAUX, Olivier, SOUSSAN, Jean-Manuel, *Favoriser l'emploi des travailleurs expérimentés*, Paris, Mission sur le maintien en emploi des seniors, 2020, p. 22.

[4] *Ibid.*, p. 18.

avoir perdu leur travail. Ces difficultés expliquent qu'en 2018, plus de 60 % des demandeurs d'emploi âgés d'au moins cinquante-cinq ans étaient au chômage depuis plus d'un an, alors que cela concernait moins de 42 % des demandeurs d'emploi des autres classes d'âge. Ce chômage de longue durée a des conséquences dramatiques sur le niveau de vie. Des études de la DREES attestent que « plus du tiers des seniors sans emploi ni retraite vivent ainsi en dessous du seuil de pauvreté[1] ».

Face à cette situation, Sophie Bellon, Olivier Mériaux et Jean-Manuel Soussan proposent de mobiliser un maximum de moyens « pour favoriser le vieillissement actif au travail[2] ». Leurs propositions se fondent sur la conviction que « le senior de demain, en bonne santé, engagé dans son travail et dans une trajectoire professionnelle positive jusqu'à la retraite se construit aujourd'hui[3] ». Il s'agit, en particulier, de savoir détecter les « signaux faibles d'usure professionnelle[4] » pour « préserver et entretenir les ressources humaines tant sur le plan de la santé que sur celui des compétences[5] ». Le rapport invite à poursuivre les efforts d'élimination des facteurs de pénibilité, à faciliter le financement des formations de reconversion, à appliquer des incitations fiscales pour les investissements dédiés à la prévention des risques, à faire de l'employabilité des seniors un sujet majeur des négociations sociales, à créer un bilan de compétences spécifique pour les salariés ayant au moins vingt années d'expérience, à alléger les responsabilités confiées aux salariés âgés, à faire davantage connaître la retraite progressive et le cumul emploi-retraite, à

---

[1] *Ibid.*, p. 24.
[2] *Ibid.*, p. 35.
[3] *Ibid.*, p. 38.
[4] *Ibid.*, p. 46.
[5] *Ibid.*, p. 36.

supprimer les différences de régime social et fiscal entre les indemnités de licenciement et les indemnités de départ à la retraite, à promouvoir les bonnes pratiques en matière de collaboration intergénérationnelle, à réformer les services de santé au travail afin qu'ils développent « des offres de service adaptées pour aider les entreprises[1] » à trouver des solutions de maintien dans l'emploi.

L'échec patent du contrat de génération institué par la loi du 1er mars 2013 a révélé à quel point la valorisation de l'expérience des seniors ne s'inscrit pas encore suffisamment parmi les priorités des dirigeants des entreprises françaises alors que des progrès considérables ont été faits dans la gestion des fins de carrière et l'organisation de la transmission des compétences dans d'autres pays occidentaux. S'il s'avère que l'augmentation de l'espérance de vie contraint effectivement à retarder l'âge de départ à la retraite, notre pays ne peut plus faire l'économie de profondes remises en question afin de permettre l'application d'actions déterminées pour améliorer la façon dont sont traités les salariés âgés.

---

[1] *Ibid.*, p. 40.

CONCLUSION

Lorsque l'édit du 23 septembre 1673 institue le Fonds des invalides de la Marine, Colbert ne se doute probablement pas à quel point cela va marquer les Français. Dans les décennies et les siècles qui suivent, les fermiers généraux puis les fonctionnaires s'organisent pour financer leurs retraites. Après des expériences législatives décevantes, les salariés du secteur privé ont droit aux rentes ouvrières et paysannes à partir de 1910 puis aux assurances sociales à partir de 1928. Entretemps, les mineurs, les agriculteurs et le personnel des chemins de fer mettent en place leurs propres régimes. À la fin de la Seconde Guerre mondiale, le rapport Beveridge et le programme du CNR inspirent la création de la Sécurité sociale. Cela n'empêche pas le maintien de plusieurs régimes préexistants, ni même la formation de nouveaux régimes spéciaux ou autonomes, notamment ceux des agents des collectivités locales, des salariés de la Compagnie du métropolitain de Paris, des artisans, des travailleurs indépendants et des professionnels libéraux. Un régime complémentaire réservé aux cadres est institué en 1947 avec la création de l'AGIRC. Quatorze ans plus tard, le droit à une retraite complémentaire est également accordé aux autres salariés grâce à la mise en place de l'ARRCO. En 1971, une autre institution se voit confier la gestion des retraites complémentaires des agents non titulaires de la fonction publique. À partir de 1972, le recours aux conventions de préretraite et au régime de garantie de ressources marginalise les salariés âgés. Cette marginalisation s'accroît avec l'abaissement de l'âge de la retraite à soixante ans, après la signature de l'ordonnance du 26 mars 1982. Quelques années plus tard, il devient évident que l'augmentation de l'espérance de vie et les départs en retraite des « papy-boomers » imposent un changement de cap. En 1993, il est donc décidé d'augmenter la durée de cotisation dans le secteur privé. Dix ans plus tard, une loi impose la même durée de cotisation à la fonction publique. À partir de 2007, des réformes sont aussi imposées aux régimes spéciaux. Avec la loi du 9 novembre 2010, le principe de la retraite à soixante ans est abandonné. L'alternance politique consécutive à l'élection présidentielle de l'année 2012 n'inverse guère la tendance, puisque la « réforme Touraine » du 20 janvier 2014 impose une nouvelle augmentation du nombre de trimestres de cotisation à l'ensemble des actifs. En 2020, la crise sanitaire a empêché l'aboutissement du projet de régime universel, mais Emmanuel Macron n'a pas caché son intention de reprendre ce projet pour faire de la retraite « un choix plus libre, plus simple, plus lisible ».

Les évolutions historiques sont toujours riches d'enseignements. À un moment où notre pays doit composer avec un contexte international instable, où les entreprises sont confrontées à une concurrence oppressante pour les emplois et le coût du travail, où les innovations technologiques rendent les comportements et les mentalités de plus en plus solitaires et de moins en moins solidaires, où les évolutions démographiques, économiques, sociales et culturelles constituent à la fois des opportunités et des défis inédits, quel peut bien être l'avenir des régimes de retraite ? À quels principes anciens ou nouveaux ces régimes doivent-ils se référer ?

Les périodes de changement sont propices aux remises en question, mais elles exigent surtout de la prudence et du discernement. S'il est nécessaire de résister à la tentation de l'immobilisme, il l'est tout autant de ne pas se laisser entraîner dans des disruptions ou des innovations hasardeuses. Les régimes de retraite ne font pas exception. Qu'elles soient systémiques ou paramétriques, les réformes de ces régimes ne doivent pas aller jusqu'à la remise en cause du principe de solidarité. Ce principe est la pierre angulaire sur laquelle ont été créés la Caisse des retraites pour la vieillesse, les rentes ouvrières et paysannes, les assurances sociales, la Sécurité sociale puis les régimes complémentaires. Dans le contexte d'une mondialisation ultralibérale reposant sur le culte de la réussite individuelle et sur un certain mépris à l'égard des plus défavorisés, la référence à la solidarité n'est pas passéiste, ni superflue, ni même idéologique. Elle est *a contrario* indispensable à la conduite des politiques sociales pour que ces politiques permettent encore une redistribution des richesses et, par extension, le maintien d'un minimum de *vivre ensemble*.

La préservation du principe de solidarité implique une re-légitimation du politique et, en particulier, de ses responsabilités dans le traitement des questions sociales. Dans la plupart des pays occidentaux et des pays émergents, la mondialisation a provoqué un vaste mouvement de privatisation et de dérégulation. Ce mouvement a entraîné un abandon des prérogatives des services publics, parfois jusque dans des missions régaliennes. Certains cercles ultralibéraux évoquent *mezza voce* l'opportunité de privatiser la protection sociale et de renoncer aux régimes de retraite par répartition. S'il peut être intéressant d'autoriser chaque actif à mobiliser des dispositifs de capitalisation, l'abandon des régimes fondés sur la répartition serait une transgression lourde de conséquences. Face aux discours incitant au « discrédit de la solidarité comme principe organisateur de la collectivité[1] », il convient de rappeler une évidence : le fait que les actifs et leurs employeurs cotisent pour permettre à leurs aînés de vieillir dans des conditions respectables est un élément consubstantiel de notre modèle social. La pérennité de ce modèle et le sort de plus de dix-sept millions de retraités ne doivent pas relever d'intérêts privés, ni « d'une logique de marché[2] » mais de la nation, donc du politique.

La re-légitimation du politique doit s'accompagner d'une réhabilitation du paritarisme. Comme beaucoup d'autres pays, la France est traversée par de multiples fractures face auxquelles la protection sociale est plus qu'un palliatif parce qu'elle représente une des dernières formes d'entraide entre des générations et des catégories socioprofessionnelles qui se méprisent et se jalousent de plus en plus ouvertement. Au sein de certains think tanks, il est parfois de bon ton de fustiger « le clientélisme navrant et coûteux des organismes paritaires[3] » assimilés à des « appareils tournés vers la cogestion de l'État-providence[4] ». De telles considérations sont à trop courte vue pour percevoir l'importance du paritarisme, qui mérite de rester le principe d'organisation de l'ensemble des

---

[1] BEC, Colette, LOCHARD, Yves, *C'est une révolution que nous ferons*, Lormont,n Le Bord de l'eau éditions, 2018, p. 81.
[2] *Ibid.*, p. 92.
[3] VERDIER-MOLINIÉ, Agnès, *On va dans le mur*, Paris, Albin Michel, 2015, p. 70.
[4] MINC, Alain, *La Mondialisation heureuse*, Paris, Plon, 1997, p. 174.

institutions gestionnaires de la protection sociale. De multiples évolutions rendent nécessaire de réformer périodiquement les régimes de retraite pour éviter que l'accumulation des déficits finisse par rendre ces régimes insolvables, mais les réformes doivent se faire dans la concertation et sans négliger les prérogatives des partenaires sociaux. Nul ne peut conduire un projet de réforme en allant contre la volonté collective, notre culture démocratique rendant nécessaire de savoir accorder tout le temps qu'il faut au dialogue, à la concertation et à la communication.

La préservation du principe de solidarité, la re-légitimation du politique et le respect du paritarisme sont des conditions incontournables pour que les Français conservent le droit à la retraite et, par extension, une certaine idée de la fraternité.

BIBLIOGRAPHIE

Les discours et rapports cités peuvent être consultés et téléchargés sur les sites internet de la présidence de la République (www.elysee.fr), du gouvernement (www.gouvernement.fr), du ministère du Travail (www.travail-emploi.gouv.fr), de l'Assemblée nationale (www.assemblee-nationale.fr), du Sénat (www.senat.fr), du CESE (www.lecese.fr), du service d'information légale et administrative (www.vie-publique.fr). De nombreuses références historiques sont disponibles sur le site internet de l'Assurance retraite (www.lassuranceretraite.fr). Les lois et les décrets sont consultables sur le site internet du service public de la diffusion du droit (www.legifrance.gouv.fr). En complément, il est fait successivement référence aux livres et articles mentionnés ci-dessous.

Département Opinion et Stratégies d'entreprise, La retraite : le graal de la vie active, *Ifop Focus*, n° 203, janvier 2020, p. 1-5.

CANDAR, Gilles, DREUX, Guy, *Une Loi pour les retraites*, Lormont, Le Bord de l'eau éditions, 2010, 328 pages.

Retraites : renouveler le contrat social entre les générations, Paris, Conseil d'orientation des retraites, 2001, 395 pages.

RICHARDT, Aimé, *Colbert et le colbertisme*, Paris, Tallandier, 1997, 368 pages.

DUBARRY, Jean-Jacques, PENY, Jean-Jacques, HERVIER, Jean-François, Colbert, père de la Sécurité sociale de la Marine, *Histoire des sciences médicales*, n° XIII-1, 1979, p. 39-41.

LEGAY, Marie-Laure, HAMON, Philippe, ROWLANDS, Guy, COULOMB, Clarisse, CONDETTE-MARCANT, Anne-Sophie, FAVIER, René, FERRER, André, *Les Modalités de paiement de l'État moderne : adaptation et blocage d'un système comptable*, Paris, Institut de la gestion publique et du développement économique, 2007, 226 pages.

THIVEAUD, Jean-Marie, La lente construction des systèmes de retraite en France de 1750 à 1945, *Revue d'économie financière*, n° 40, février 1997, p. 21-54.

OUART, Charles, L'évolution du montant des pensions militaires rémunérant les services en France au cours d'un siècle, *Journal de la société statistique de Paris*, tome 77, 1936, p. 167-185.

THUILLIER, Guy, *Les Pensions de retraite des fonctionnaires au XIXe siècle*, Paris, Comité d'histoire de la Sécurité sociale, 1994, 307 pages.

Loi du 29 juin 1894 sur les caisses de secours et de retraites des ouvriers mineurs, *Bulletin de l'Inspection du travail*, n° 1, 1897, p. 1-7.

BLED, Jean-Paul, *Bismarck*, Paris, Perrin, 2011, 321 pages.

CHAPUT, Hélène, JULIENNE, Katia, LELIÈVRE, Michèle, L'aide à la vieillesse pauvre : la construction du minimum vieillesse, *Revue française des affaires sociales*, n° 2007-1, mars 2007, p. 57-83.

Le Rapport Beveridge, Paris, Perrin, 2012, 252 pages.

Le Programme du Conseil national de la Résistance, Le Bouscat, L'Esprit du Temps, 2012, 91 pages.

BEC, Colette, LOCHARD, Yves, *C'est une révolution que nous ferons*, Lormont, Le Bord de l'eau éditions, 2018, 93 pages.

L'Assurance de la Royale au Gan, Paris, Claude Tchou & sons, 1992, 186 pages.

CHARPENTIER, François, *Les Retraites complémentaires AGIRC-ARRCO*, Paris, Presses universitaires de France, 2016, 128 pages.

FRIOT, Bernard, Un salariat avec des cadres et sans épargne : les enjeux de la naissance de l'AGIRC, *Sociétés contemporaines*, n° 24, octobre 1995, p. 65-76.

Le Guide de votre retraite, Paris, IRCANTEC, 2017, 40 pages.

GUESLIN, André, *Les Gens de rien*, Paris, Fayard, 2004, 457 pages.

BRODIEZ-DOLINO, Axelle, Entre social et sanitaire : les politiques de lutte contre la pauvreté-précarité en France au XXe siècle, *Le Mouvement social*, n° 242, janvier 2013, p. 9-29.

THOMAS, Claude, Le fonds national de l'emploi, *Cahier du CHATEFP*, n° 4, septembre 2000, p. 1-8.

HAIRAULT, Jean-Olivier, *Ce modèle social que le monde ne nous envie plus*, Paris, Albin Michel, 2015, 167 pages.

Comité aquitain d'histoire de la Sécurité sociale, *Garanties de revenus, garanties de ressources : quels défis pour la protection sociale ?*, Paris, Comité d'histoire de la Sécurité sociale, 2013, 146 pages.

Mission d'étude sur le développement et les conséquences économiques à court, moyen et long terme d'une retraite progressive et choisie, *Les Dispositifs de cessation d'activité : état des lieux et évolutions souhaitables*, Paris, Conseil d'analyse économique, 1999, 74 pages.

DELAUNAY, Michèle, *Le Fabuleux Destin des baby-boomers*, Paris, Plon, 2019, 366 pages.

BRO, Bernard, *La Stupeur d'être*, Paris, Cerf, 1985, 298 pages.

BRIDENNE, Isabelle, BROSSARD, Cécile, CHASLOT-ROBINET, Sylvie, Indexation des pensions du régime général, *Retraite et Société*, n° 56, janvier 2009, p. 248-263.

Commissariat général du Plan, *Vieillir demain*, Paris, La Documentation française, 1980, 270 pages.

Commissariat général du Plan, *Livre blanc sur les retraites*, Paris, La Documentation française, 1991, 237 pages.

Commissariat général du Plan, *L'Avenir de nos retraites : rapport au Premier ministre*, Paris, La Documentation française, 1999, 174 pages.

BÉROUD, Sophie, Chronologie du mouvement social de l'automne 1995, *Cahiers du GEDISST*, n° 18, avril 1997, p. 121-133.

VACQUIN, Henri, MINVIELLE, Yvon, *Le Sens d'une colère*, Paris, Stock, 1996, 295 pages.

HUSSON, Michel, *Les Sasseurs de l'État social*, Paris, La Découverte, 2003, 118 pages.

Les Réformes des régimes de retraite depuis 2007, Paris, Conseil d'orientation des retraites, 2016, 60 pages.

ROCHEFORT, Robert, *La retraite à 70 ans ?*, Paris, Belin, 2004, 158 pages.

Réformer les retraites : pourquoi et comment ?, Paris, Institut Montaigne, 2010, 6 pages.

Réformer les retraites : quelles solutions progressistes ?, Paris, Terra Nova, 2010, 213 pages.

WAECHTER, Philippe, YOU, Martial, *Subprimes, la faillite mondiale ?*, Monaco, Éditions Alphée, 170 pages.

Retraites : perspectives actualisées à moyen et long terme, Paris, Conseil d'orientation des retraites, 2010, 117 pages.

FRIOT, Bernard, *L'Enjeu des retraites*, Paris, La Dispute, 2010, 175 pages.

La Grande Conférence sociale : Feuille de route sociale, Paris, Services du Premier ministre, 2012, 28 pages.

Dossier de presse : contrat de génération, Paris, Ministère du Travail, de l'Emploi, de la Formation professionnelle et du Dialogue social, 2013, 20 pages.

Le rapport public annuel 2016 : tome I, Paris, Cour des comptes, 2016, 696 pages.

La Sécurité sociale, Paris, Cour des comptes, 2012, 576 pages.

FOTTORINO, Éric, *Macron par Macron*, Paris, Éditions de l'Aube, 2017, 137 pages.

COTTA, Michèle, *Comment en est-on arrivé là ?*, Paris, Robert Laffont, 2016, 491 pages.

MINC, Alain, *La Mondialisation heureuse*, Paris, Plon, 1997, 260 pages.

GUILLUY, Christophe, *La France périphérique*, Paris, Flammarion, 2014, 185 pages.

TODD, Emmanuel, *Les Luttes de classes en France au XXIe siècle*, Paris, Seuil, 2020, 373 pages.

Lancement du plan épargne retraite, Paris, Ministère de l'Économie et des Finances, 2019, 23 pages.

Pour un système universel de retraite, Paris, Haut-commissaire à la réforme des retraites, 2019, 130 pages.

Les régimes spéciaux de retraite de la RATP, de la SNCF et des industries électriques et gazières, Paris, Cour des comptes, 2019, 99 pages.

Une stratégie de finances publiques pour la sortie de crise, Paris, Cour des comptes, 2021, 208 pages.

Commission internationale présidée par Olivier Blanchard et Jean Tirole, *Les Grands Défis économiques*, Paris, France Stratégie, 2021, 510 pages.

CORNUDET, Cécile, La dose de rappel macronienne, *Les Échos*, n° 23 577, 10 novembre 2021, p. 2.

TABARD, Guillaume, Cap à droite en vue de 2022, *Le Figaro*, n° 24 019, 10 novembre 2021, p. 2.

BÉCU, Élodie, Retraites : « travailler plus longtemps », après l'élection, *Le Progrès*, 10 novembre 2021, p. 3.

GANNEVAL, Romane, Travail des seniors, les paradoxes français, *La Croix*, n° 41 511, 19 septembre 2019, p. 2-3.

Les retraites en France et à l'étranger : 7 indicateurs clés, Paris, OCDE, 2021, 8 pages.

BELLON, Sophie, MÉRIAUX, Olivier, SOUSSAN, Jean-Manuel, *Favoriser l'emploi des travailleurs expérimentés*, Paris, Mission sur le maintien en emploi des seniors, 2020, 107 pages.

VERDIER-MOLINIÉ, Agnès, *On va dans le mur*, Paris, Albin Michel, 2015, 270 pages.

TABLE DES MATIÈRES

Structures éditoriales du groupe L'Harmattan

L'Harmattan Italie
Via degli Artisti, 15
10124 Torino
harmattan.italia@gmail.com

L'Harmattan Hongrie
Kossuth l. u. 14-16.
1053 Budapest
harmattan@harmattan.hu

L'Harmattan Sénégal
10 VDN en face Mermoz
BP 45034 Dakar-Fann
senharmattan@gmail.com

L'Harmattan Cameroun
TSINGA/FECAFOOT
BP 11486 Yaoundé
inkoukam@gmail.com

L'Harmattan Burkina Faso
Achille Somé – tengnule@hotmail.fr

L'Harmattan Guinée
Almamya, rue KA 028 OKB Agency
BP 3470 Conakry
harmattanguinee@yahoo.fr

L'Harmattan RDC
185, avenue Nyangwe
Commune de Lingwala – Kinshasa
matangilamusadila@yahoo.fr

L'Harmattan Congo
67, boulevard Denis-Sassou-N'Guesso
BP 2874 Brazzaville
harmattan.congo@yahoo.fr

L'Harmattan Mali
ACI 2000 - Immeuble Mgr Jean Marie Cisse
Bureau 10
BP 145 Bamako-Mali
mali@harmattan.fr

L'Harmattan Togo
Djidjole – Lomé
Maison Amela
face EPP BATOME
ddamela@aol.com

L'Harmattan Côte d'Ivoire
Résidence Karl – Cité des Arts
Abidjan-Cocody
03 BP 1588 Abidjan
espace_harmattan.ci@hotmail.fr

Nos librairies en France

Librairie internationale
16, rue des Écoles
75005 Paris
librairie.internationale@harmattan.fr
01 40 46 79 11
www.librairieharmattan.com

Librairie des savoirs
21, rue des Écoles
75005 Paris
librairie.sh@harmattan.fr
01 46 34 13 71
www.librairieharmattansh.com

Librairie Le Lucernaire
53, rue Notre-Dame-des-Champs
75006 Paris
librairie@lucernaire.fr
01 42 22 67 13

www.ingramcontent.com/pod-product-compliance
Lightning Source LLC
LaVergne TN
LVHW011024061026
849535LV00006B/2047
* 9 7 8 2 1 4 0 2 5 3 2 9 4 *